Ingrid Strobel

ENTSCHEIDE, WEN DU LIEBEN WILLST

Ingrid Strobel

ENTSCHEIDE, WEN DU LIEBEN WILLST

In der Vernunftehe das wahre Glück finden

mvgverlag

Bibliografische Information der Deutschen Nationalbibliothek:
Die Deutsche Nationalbibliothek verzeichnet diese Publikation in der Deutschen Nationalbibliografie; detaillierte bibliografische Daten sind im Internet über http://d-nb.de abrufbar.

Für Fragen und Anregungen:
info@mvg-verlag.de

Originalausgabe, 1. Auflage 2017

Nymphenburger Straße 86
D-80636 München
Tel.: 089 651285-0
Fax: 089 652096

Redaktion: Judith Mark, Freiburg
Umschlaggestaltung: Manuela Amode, München
Umschlagabbildung: Shutterstock/bulia
Abbildungen Innenteil: Ingrid Strobel
Satz: Daniel Förster, Belgern
Druck: GGP Media GmbH, Pößneck
Printed in Germany

ISBN Print 978-3-86882-789-7
ISBN E-Book (PDF) 978-3-96121-029-9
ISBN E-Book (EPUB, Mobi) 978-3-96121-030-5

Weitere Informationen zum Verlag finden Sie unter:

www.mvg-verlag.de

Beachten Sie auch unsere weiteren Verlage unter www.m-vg.de.

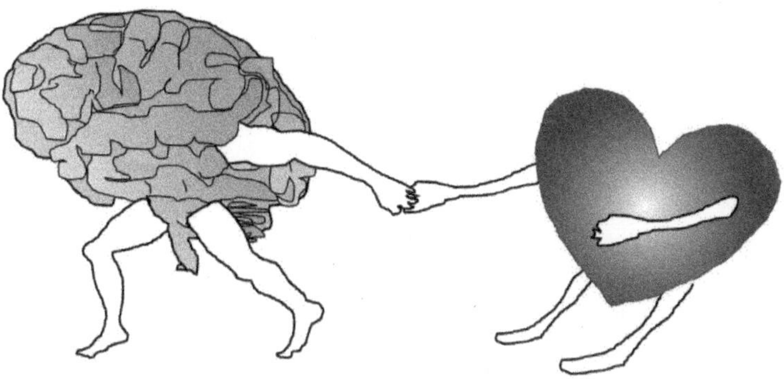

INHALT

VORWORT

> Die Liebe ist wie das Leben selbst,
> kein bequemer und ruhiger Zustand,
> sondern ein großes, ein wunderbares Abenteuer.
>
> *Johann Wolfgang von Goethe*

Als Expertin in der ersten Staffel der Fernsehsendung *Hochzeit auf den ersten Blick* hatte ich mich ganz der Ratio verschrieben. Wir verließen uns auf wissenschaftliche Tests, normierte Verfahren und Analysen. Natürlich wurden die Kandidaten auch zu ihrem bisherigen und derzeitigen Leben befragt, um sie – ich sage das jetzt mal ganz salopp – fein säuberlich in einer Schublade abzulegen. Dort durften sie dann der Dinge harren, die da kamen, bis sie bei ihrem ersten Zusammentreffen mit dem für sie ausgewählten Gegenstück auf dem Standesamt den Bund der Ehe schlossen.

Das alles war natürlich aufregend, schließlich genossen die Paare maximale Aufmerksamkeit der Öffentlichkeit. Filmkameras surrten, Blitzlichter erhellten die Gesichter. Alles schien perfekt, und dem Leben in nicht enden wollender glückseliger Zweisamkeit schien nichts mehr im Wege zu stehen. Schließlich hatten die Paare es schwarz auf weiß und wissenschaftlich untermauert: Sie waren wie füreinander geschaffen. Sogar ihre

Immunsysteme passten perfekt zusammen, getestet via genetischem Fingerabdruck. Der gesunde Nachwuchs war damit gesichert. Mr und Mrs Right, das Traumpaar wurde Wirklichkeit, und die Wissenschaft machte es möglich.

Die ganze Sache wurde noch dadurch erleichtert, dass die Männer ihre Aufregung den ihnen zugeteilten Partnerinnen zuschrieben. »Oh, diese Frau macht mir Herzklopfen, das muss Liebe sein!« Bei einer solchen Zuschreibung – auch wenn diese, von außen betrachtet, sehr viel mehr den äußeren Umständen als der entsprechenden Frau geschuldet war – fällt es leicht, einer Fremden das Jawort zu geben. Denn wer mag schon zweifeln? Wer mag Spielverderber sein, wenn es um ein so heikles Thema wie Hoffnung, Liebes- und Lebensglück geht? Sind wir in einer solchen Situation nicht verpflichtet, am Traum der Berechenbarkeit vom Glück festzuhalten? Millionen Fernsehzuschauer verfolgten das Spektakel und projizierten ihre eigenen Hoffnungen auf das Traumpaar. »Möge es gelingen, mögen die beiden sich unsterblich ineinander verlieben. Sie verkörpern meine Hoffnung auf ein eigenes, berechenbares Glück.«

Immerhin, es gab ein Paar, das zusammenblieb, aber dazu hätte es keine umständlichen psychologischen Tests gebraucht. Solange die Öffentlichkeit ihr Treiben mit voyeuristischer Hingabe verfolgte, hatten die beiden ein gemeinsames Projekt, mit dem sie sich als Paar identifizieren konnten. Und solange sie für die Öffentlichkeit ein Paar bleiben, können sie sich der Aufmerksamkeit des Publikums auch sicher sein. Die perfekte Bühne für narzisstische Persönlichkeiten, die ihre Sucht nach Aufmerksamkeit mit Liebe verwechseln.

Sei's drum. Der Zweck heiligt in diesem Fall die Mittel. Und für die träumenden Zuschauer ist es dennoch Liebe auf Basis wissenschaftlich fundierter Arbeit. Das lässt hoffen. Ein paar

Tests, und schon flattert das Lebensglück ins Haus. Und das ganz ohne Anstrengung. Mann und Frau können den ganzen umständlichen Kennenlernquatsch einfach überspringen und kopfüber in das große Glück hechten. Was dann kommt, bedarf erst recht keiner Mühe, weil alles nahtlos zusammenpasst – dank der Wissenschaft und ihrer praktischen Typisierungen.

Schön wär's, aber so funktioniert es leider nicht. Das Mysterium »Liebe« bleibt komplex, und Erklärungen seitens der Wissenschaft sind bemüht, aber eben doch lückenhaft. Was bleibt also? Sich weiterhin auf Tests verlassen, wie sie – für alle zugänglich – die einschlägigen Partnervermittlungsportale anbieten? Das wäre eine Möglichkeit, die aber leider wenig Erfolg verspricht. Immerhin, die Tests gaukeln uns so etwas wie Sicherheit vor, und sicher wollen wir uns fühlen, wenn es um die Liebe geht.

Eine andere Möglichkeit: Man verliebt sich Hals über Kopf, wie es immer schon war, um nach Jahren festzustellen, dass der Partner, die Partnerin doch nicht die ganz große Liebe ist, von der man geträumt hat. Also rasch ins nächste Liebesabenteuer gestürzt – Trial and Error, Versuch und Irrtum. Irgendwann muss es doch funktionieren mit der Liebe, die ohne Zutun einfach da ist.

Eine weitere Möglichkeit wäre der Verzicht auf Zweisamkeit. Aber auch das ist höchst unbefriedigend, weil der Mensch nun mal kein Einzelgänger ist und die Zweisamkeit gegenüber der Einsamkeit von Natur aus bevorzugt.

Wir können die Liebe drehen und wenden, wie wir wollen, sie auseinandernehmen, vermessen und wieder zusammensetzen, sie anbeten oder verachten, auf ihr herumtreten, um sie im nächsten Moment anzuflehen, uns nicht zu verlassen, sie mit Geld locken oder ihr Mitleid erhoffen, um am Ende festzustellen, dass sie sich nicht zwingen lässt. Nicht in Schubladen, in kein Raster und erst recht nicht, wenn wir sie mit Gewalt herbeizurufen versuchen. Liebe ist echt, authentisch, aber auch unberechenbar, wenn wir es nicht verstehen, sie anzuleiten. Sie kommt und geht, wie es ihr passt, wenn wir ihr keine Aufmerksamkeit schenken. Sie fragt nicht nach Alter, ethnischer Zugehörigkeit oder Kultur. Und ich behaupte, sie ist nicht »rein«. Zumindest nicht zwischen zwei erwachsenen Menschen. Zugegeben, es mag immer wieder Momente geben, in denen wir das Gefühl haben, die reine Liebe zu spüren. Aber mir ist, ehrlich gesagt, eine schmutzige Liebe, die schon einiges hinter sich hat, lieber als eine reine Liebe, deren Anspruch ich niemals gerecht werden kann, weil ich nun mal ein fehlbarer Mensch bin. Eine schmutzige Liebe kann mit Streitigkeiten, Verletzungen und Krisen umgehen. Sie rennt nicht gleich schockiert davon, sondern atmet tief durch und wartet gelassen ab, bis der Sturm vorbei ist.

Allzu oft verwechseln wir auch noch die Verliebtheit mit der Liebe. Doch das sind zwei ganz unterschiedliche Gefühlszustände. Verliebtheit schaltet den Verstand aus und ist für realistische Argumente nicht zugänglich, Liebe hingegen sehr wohl. Trotzdem jagen viele der Verliebtheit nach in dem irrigen Glauben, dass es sich um Liebe handelt. Das muss schiefgehen, weil Verliebtheit nur von kurzer Dauer ist und das, was man sich erhofft, oder besser: das, was man sich zusammenfantasiert, der Realität nicht standhalten kann. Freilich, es ist wunderbar, wenn man sich verliebt und aus der Verliebtheit tatsächlich Liebe wird. Ein Idealfall sozusagen. Aber das ist wie ein Sechser im Lotto. Und bei genauerer Betrachtung ist es meist kein Zufall, sondern eine Übereinstimmung von Werten, Moralvorstellungen, Zukunftsvisionen und vielem mehr – darauf werde ich in den Kapiteln dieses Buches noch näher eingehen.

Doch es gibt sie tatsächlich, die Paare, die schon ein Leben lang zusammen sind und behaupten, sich nach all der Zeit noch immer zu lieben. Paare, die ihre besten Jahre schon hinter sich haben, aber dies nicht bedauern, weil die Liebe sie nicht verlassen hat. Die schmutzige Liebe, die erfahrene und langmütige Liebe.

Nun ja, so ganz stimmt das nicht. Wenn man sich die Mühe macht und nachfragt, dann erfährt man von diesen Paaren, wie sich hin und wieder die Liebe verabschiedet hat, manchmal für ein paar Stunden, aber mitunter auch für Monate. Und bei manchen sogar für ein paar Jahre – auch eine schmutzige Liebe verliert irgendwann die Geduld, wenn sie ununterbrochen attackiert wird. An die Stelle der Liebe rücke dann eine innige Freundschaft, wie oft behauptet wird, die das Paar durch liebesarme Zeiten trage. Bei manchen Paaren blieb es dann auch bei der freundschaftlichen Verbundenheit. Sie sagen das ohne Bedauern und behaupten, das sei doch Liebe. Die echte, die wahre Liebe.

Freundschaften zeichnen sich meistens aus durch gemeinsame Interessen, Wertvorstellungen und ähnliche Einstellungen zu dem, was das Leben ausmacht. Unsere Erfahrungen – und die sind wissenschaftlich bestätigt – sagen uns, dass genau diese Eigenschaften die Voraussetzungen sind, um eine glückliche und langfristige Beziehung zu führen.

Wo liegt nun tatsächlich der Unterschied zwischen Freundschaft und einer Liebesbeziehung? Im Regelfall sieht man den Partner täglich, Freunde dagegen im besten Fall zwei- bis dreimal die Woche. Vom Partner erwartet man Fürsorge und vielleicht sogar Heilung seelischer Wunden. Zukunftspläne und Familienplanung sowie die Aufzucht der Nachkommen sind ebenfalls der Partnerschaft vorbehalten. Von einem Freund würde man das sicher nicht erwarten. Im besten Fall, dass er die Tränen trocknet, wenn es in der Beziehung Ärger gibt.

Dann haben wir noch den Sex. Der kommt allerdings auch bei Freundschaften vor, dürfte aber nicht die Regel sein. Nun aber zu behaupten, er sei alleine einer Beziehung vorbehalten, ist auch nicht richtig. Zum einen wird auch ohne emotionale Bindung fröhlich geschnackselt, und zum anderen gibt es genügend glückliche Partnerschaften, in denen Sex nicht von Belang ist. Allenfalls in den ersten Jahren einer Partnerschaft spielt er eine tragende Rolle. Deshalb taugt Sex als Kriterium der Passung von Partnern meines Erachtens nicht sonderlich gut.

Klar ausgedrückt: Eine Liebesbeziehung bedeutet, Verantwortung für den Partner zu übernehmen. Eine Freundschaft beinhaltet diese Verantwortlichkeit im Regelfall nicht. Sich verantwortlich zu fühlen, setzt eine emotionale Bindung voraus. Und sobald diese Bindung besteht, sind die Partner auch empfänglich für Verletzungen.

Demnach würden sich Paare, die behaupten, nur noch freundschaftlich miteinander verbunden zu sein, nicht mehr füreinander verantwortlich fühlen. Und ich denke, so ist es auch. Die freundschaftliche Verbundenheit mag ja ganz nett und schön sein, weil man auf diese Weise tiefere Verletzungen vermeiden kann, aber wenn es hart auf hart kommt, sind solche Beziehungen nicht sonderlich verlässlich.

Deshalb denke ich, dass das, was mit inniger freundschaftlicher Verbundenheit in langjährigen Beziehungen umschrieben wird, eine gewachsene, weise Liebe ist, die einige Stürme überstanden und sich so manche blutende Wunde zugezogen hat, letztlich aber allen Widrigkeiten des Lebens getrotzt hat, weil sie von der Verantwortung und Fürsorge für einen anderen Menschen getragen wurde. Das kann aber nur funktionieren, wenn sich beide verantwortlich fühlen und bereit sind, die Liebe zu nähren. Hin und wieder ein opulentes Dinner bei Kerzenschein oder eine heiße Liebesnacht ist zwar eine schöne Sache, wird aber, langfristig gesehen, nicht ausreichen, um die Liebe am Leben zu erhalten. Da braucht es etwas mehr Anstrengung und vor allem den Verstand.

Aus jahrelanger Erfahrung als Therapeutin in eigener Praxis und aus persönlicher Erfahrung habe ich die Überzeugung gewonnen, dass es möglich ist, mit dem Verstand die Gefühle sinnvoll zu steuern, um den Weg zur überdauernden Liebe zu ebnen. Und nicht nur das. Liebe lässt sich lernen, wenn wir eine Entscheidung treffen: die Entscheidung, einen Menschen zu lieben, weil er alle Eigenschaften hat, die ihn als potenziellen Partner qualifizieren. Ich behaupte, nicht Verliebtheit ist die optimale Basis für eine langfristige und liebevolle Zweisamkeit, sondern Kalkül und Zeit. Dabei muss sich der Verstand nicht aufzwingen. Er kann ruhig als geduldiger Berater fungieren, gerade dann, wenn Verliebtheit eine Rolle spielt. Und er darf auch die Instanz sein, die auf der Suche nach der Liebe den Weg ebnet, damit sich die Gefühle nicht in unrealistische Wunschträume verlaufen oder gar in Enttäuschungen stecken bleiben.

Es geht mir nicht darum, die Verliebtheit außen vor zu lassen. Sie ist sicherlich der Königsweg zur Liebe, aber leider oft von Trugbildern überschattet, die uns glauben lassen, der Anfang des Weges sei die Liebe. Aber die Liebe braucht Zeit und Entwicklung. Und sobald die Liebe sich in den Köpfen der Partner eingenistet hat, ist sie etwas Exklusives.

Meines Erachtens erreicht die Liebe deshalb auch erst in einer lang andauernden Beziehung ihre Vollkommenheit, auch wenn sie keine Konstante ist, sondern in ihrer Gewichtung zwischen den Polen der verschiedenen Liebesstile schwankt (dazu später mehr). Das ist ein natürliches Phänomen und kein Problem, sofern Intimität und Verbindlichkeit sowie die Bereitschaft, der Liebe Nahrung zu geben, nicht verloren gehen.

Wie Liebe mithilfe des Verstandes entstehen und wachsen kann und wie man sie lange lebendig hält, damit sie eine treue Wegbegleiterin wird, davon handelt dieses Buch. Ich schreibe nicht über die unrealistische, märchenhafte Liebe, die meist in den Kinderschuhen des Verliebtseins stecken bleibt, sondern über die zuverlässige, in die Jahre gekommene Liebe, die im Zeitalter des Perfektionismus nur noch wenig Beachtung findet. Und ich schreibe von der Liebe, die das Verliebtsein nicht braucht, um entfacht zu werden. Denn in der Tat, es geht auch ohne den hormonellen Aufruhr – und das meistens sogar besser.

Ich möchte zeigen, wie man über den Verstand das Herz erreicht und am Ende beide zu einem starken Team vereint, um das, was realistisch ist, zu begreifen und lieben zu lernen. Und ich möchte Sie gerne davon überzeugen, dass eine realistische Liebe nicht auf Romantik verzichten muss. Ich freue mich darauf, mit Ihnen gemeinsam eine Schatztruhe zu bergen, deren Inhalt bei jedem ein wenig anders aussehen wird, weil der Stern der Liebe bei jedem Menschen ein klein wenig anders leuchtet. Aber egal, wie er leuchtet – Hauptsache, er leuchtet, und das möglichst für den Rest Ihres Lebens.

DIE ALTE LIEBE

Die Liebe, wie wir sie kennen, gibt es noch nicht so lange. Ja, wirklich! Sie ist erst rund 250 Jahre alt und nennt sich »romantische Liebe«. Kaum zu glauben, dass diese viel besungene Himmelsmacht noch so jung an Jahren ist. Aber es ist nur die äußere Form der Liebe, die sich mit jugendlichem Schwung in den Köpfen der Menschen eingenistet hat. In Wirklichkeit ist die Liebe eine sehr alte Lady, die sich als »romantische Liebe« ein neues Image verpasst hat, um mit der Zeit zu gehen und ihre Sonderstellung nicht zu verlieren.

In der Zeit vor ihrer Wandlung zur romantischen Liebe war sie eine andere, mehr zielgerichtet und von berechnender Natur. Dennoch konnte die Liebe damals auch sehr romantisch sein, aber das eher im Verborgenen. Heute hüllt sie sich in einen narzisstischen Mantel der Eitelkeit und ist damit ganz auf der Höhe der Zeit. Sie schmückt sich gerne mit der Verliebtheit im Bestreben, dass die Menschen sich in Sehnsucht nach der »wahren Liebe« verzehren. Aber tatsächlich ist es nicht die Liebe, der gehuldigt wird, sondern die Verliebtheit. Eine leere Hülle, die den Geist blendet und täuscht. So ist die Liebe Spiegelbild der Gesellschaft: getrieben, verunsichert und narzisstisch. Aber im Kern ist und bleibt sie, was sie immer war: ein komplexes, allumfassendes Wesen, das nur existieren und wachsen kann, wenn sie beachtet und intensiv gepflegt wird.

Wann die Liebe auf die Welt kam, weiß niemand so genau. Aber bereits in der Antike (ca. 500 vor Christus) huldigten ihr die Griechen und Römer. Allerdings nicht der Liebe zwischen Mann und Frau, sondern der zwischen Männern, und das eher auf geistiger Ebene, zumindest zwischen erwachsenen Männern. Zwischen einem erwachsenen Mann und einem Jüngling sah die Sache etwas anders aus. Heute stünde das Liebesspiel mit einem Schutzbefohlenen unter Strafe. Damals war es Teil der Kultur.

Frauen indes galten nicht als liebenswert, weil man sie physisch und psychisch als dem Mann unterlegen betrachtete. Die Ehefrau gehörte in die Küche und zu den Kindern. Sie war mehr Mittel zur Fortpflanzung denn ein sexuelles oder gar liebenswertes Wesen. Entsprechend zurückhaltend hatte sie sich zu verhalten. Konnte sie keine Kinder bekommen, dann wurde sie ausgetauscht. Ihre Zukunft sah dann noch weniger rosig aus.

Die Einstellung zur Sexualität in der Ehe war pragmatisch und hatte mit Liebe, wie wir sie heute verstehen, herzlich wenig zu tun. Sex mit der Ehefrau diente vorrangig der Zeugung der Nachkommen. Wollte der Mann in der Antike aber Leidenschaft und Erotik, dann suchte er außerhäusig seine Befriedigung. Und wer es sich leisten konnte, der nahm sich eine Hetäre – die damalige Bezeichnung für eine Edelprostituierte. Die Hetären genossen meist großes Ansehen und verkehrten in den besten Kreisen, solange sie jung und begehrenswert waren. Konnten sie in dieser Lebensphase ihren Wohlstand für das Alter sichern, hatten sie auch dann noch ihr Auskommen, wenn Falten der Begierde ihrer Anbeter den Garaus machten. Stellten sie aber Lebensfreude und Genuss in der Vordergrund – und das taten die meisten –, dann war die Endstation ein Leben in Armut, abseits der besseren Gesellschaft.

Im Gegensatz zu den Griechen waren die Römer etwas cleverer. Sie sahen neben dem Gebären von Kindern und deren Aufzucht einen weiteren Nutzen in der Ehefrau. Sie heirateten, um ihren eigenen Status aufzuwerten. Sei es wegen des gesellschaftlichen Ansehens oder schlicht wegen des schnöden Mammons, der durch eine entsprechende Heirat vermehrt wurde. Glück für den, der beides miteinander vereinen konnte. Auch die römisch-antike Gesellschaft war durch und durch männlich geprägt. So etwas wie Liebe gab es in der Regel nur mit einer Geliebten, der gegenüber Mann keine Verpflichtung eingehen musste. Fraglich, ob es sich dabei tatsächlich um Liebe handelte oder um sexuelles Begehren.

Als sich der christliche Glaube in Europa verbreitete, war es vorbei mit der Luderei. Zwar gab es sie nun offiziell, die große, die einzige und wahre Liebe, aber die war Gott vorbehalten und rein asexueller Natur. Sexuelle Aktivitäten oder gar Leidenschaft für das andere Geschlecht gehörten von jetzt an zu den niederen Trieben, die es zu vermeiden galt. Die unbefleckte Empfängnis Mariens galt als Sinnbild dafür. Für Normalsterbliche war der Beischlaf allerdings noch immer unvermeidlich, wollte man nicht kinderlos bleiben. Um dem Sex aber auch ja keine Lust abzugewinnen, ließ man sich so manche Perversion einfallen. Gewalt war ein probates Mittel, um der Leidenschaft den Garaus zu machen – und um die Angetraute unter Kontrolle zu halten.

Für die Frauen hatte sich also seit der Antike nichts geändert. Ihr Leben war nach wie vor auf das Haus und die Kinder beschränkt. Rechte hatten sie keine, und der Zugang zur Bildung blieb ihnen ebenfalls verwehrt. Aber durch den christlichen Glauben war nun auch der Mann im Ausleben seiner Triebe eingeschränkt. Sexuelle Enthaltsamkeit gehörte zu den vielen Reglementierungen, die das Christentum bereithielt. Das klappte nicht immer sonderlich gut. Geschnackselt wurde trotzdem, aber im Verborgenen. Der liebe Gott kann schließlich seine Augen nicht überall haben.

Immerhin, etwa ab dem 11. Jahrhundert gab es zarte Triebe, die – zumindest auf geistiger Ebene – so etwas wie romantische Liebe erahnen ließen. Es waren die Troubadoure, die in ihren Minnesängen der Liebe huldigten und sie mit ihren Gesängen populär machten. Indes, die Ehe blieb eine Zweckgemeinschaft und war mit den Gesängen auch nicht gemeint. In den Minnesängen war der Mann aufgefordert, die Angebetete zu umschwärmen, ihr sein Leben zu Füßen zu legen, um zu hoffen, von ihr erhört zu werden. Angehimmelt werden, ohne etwas dafür tun zu müssen – eigentlich kein so schlechter Status, sollte man meinen. Dennoch: Frauen suchten die Sicherheit der Ehe. Ohne Mann und ohne den Status der Ehelichung waren sie in der Gesellschaft unsichtbar.

Etwas besser wurde es mit der Liebe, als sich eine bürgerliche Mittelschicht entwickelte. Das war um 1700. Nun wurde nach allen Regeln der Kunst umschmeichelt und verführt. Auch und gerade die Frau, die als Ehefrau infrage kam. Hier nimmt die Vorstellung von der romantischen Liebe ihren Anfang. Allerdings: Ernst genommen wurden Frauen immer noch nicht. Sie waren nach wie vor in allen Belangen des Lebens abhängig von Männern – ihrem Vater oder ihrem Ehemann.

Zwar hatten Frauen im 18. Jahrhundert die Möglichkeit, ihre Meinung kundzutun, allerdings nur über Gedichte oder Bücher, und das Geschriebene durften sie auch nur unter einem männlichen Pseudonym veröffentlichen. Inwieweit eine Frau Zugang zur Bildung hatte, entschieden der Vater oder der Ehemann. Wie die Entscheidung ausfiel, war weitgehend abhängig von der Bildung des Mannes. Ganz schlecht stand es immer noch um Frauen, die unverheiratet blieben. In den Augen der

Gesellschaft war eine solche Frau zu nichts nutze. Entsprechend waren ihr Ansehen und ihre soziale Stellung. Von Emanzipation und Gleichberechtigung kann also keine Rede sein.

Wenn wir davon ausgehen, dass die bleibende Liebe unter anderem Respekt und Wertschätzung benötigt, kommen wir um die Gleichberechtigung allerdings nicht herum. Schlussendlich war es der Kapitalismus, der die Tür öffnete zur Emanzipation der Frau und zur Befreiung der Liebe von alten Dogmen und Zwängen, denn die Industrialisierung forderte von Frauen und Männern in gleichem Maße ihr geistiges und körperliches Potenzial. So trugen Frauen zunehmend zum Lebensunterhalt der Familie bei, wurden unabhängiger und selbstbestimmter. Plötzlich hatten sie ein Mitspracherecht, wem sie ihre Liebe schenkten. Aber das fand dann tatsächlich erst ab dem 19. Jahrhundert statt.

Alles, was sich vor dieser Zeit in einer Ehegemeinschaft abspielte, diente vorrangig dem Zweck der Fortpflanzung, der sozialen Stellung und dem politischen oder finanziellen Kalkül. Die Rollen waren klar definiert. Die Frau wusste, was von ihr erwartet wurde, und der Mann kannte seine Pflichten – aber auch seine Freiheiten.

Wenn man zu den Anfängen der Menschheit zurückgeht, liegt die Vermutung nahe, dass es die Frau war, die ein Interesse daran hatte, den Mann an sich zu binden, weil ihre eigenen Überlebenschancen und die ihrer Nachkommen dann deutlich höher waren. Der Mann wiederum war daran interessiert, so viele Nachkommen wie möglich zu zeugen, also viel Sex zu haben. Sex war damit ein probates Mittel, um den Mann an die Frau zu binden. Sex im Austausch gegen Schutz und Nahrung. Der Deal ging auf und wurde ein Erfolgsrezept für die Verbreitung unserer Spezies. Bei genauerer Betrachtung ist Sex auch heute noch ein Mittel, um den Mann an die Frau zu binden. Aber unser evolutionäres Erbe löst sich langsam auf. Ein Mann muss sich nicht an eine Frau binden, um seine sexuelle Lust zu befriedigen. Und eine Frau braucht keinen Mann mehr, um ihren Nachkommen Sicherheit zu bieten und sie mit ausreichend Nahrung zu versorgen. Das wiederum bedeutet, es gibt keine Notwendigkeit mehr für eine Partnerschaft. Und trotzdem sehnen sich die meisten Menschen nach einem Partner, der mit ihnen durchs Leben geht, der sie liebt und dem sie Liebe geben können.

Tatsächlich hatten wir noch nie in unserer Geschichte eine so realistische Chance auf die echte, die wahre Liebe. Wir dürfen sie leben, wann wir wollen, mit wem wir wollen und so lange wir wollen – sofern wir bereit sind, das Thema Liebe neu zu definieren.

In einem Zeitalter, in dem Realismus alle Bereiche des Lebens erfasst hat, kommen wir mit der romantischen Liebe nicht weiter. Die Liebe braucht ein neues Gesicht und ein neues Fundament.

DIE NEUE LIEBE

Zurzeit hat es die Liebe schwer. Unsere Vorstellungen von ihr pendeln zwischen verschiedenen Möglichkeiten. Da ist einerseits die Sehnsucht nach der romantischen Liebe, die ein Leben lang andauert, bei der man sich alles verzeiht und sich so, wie man ist, von ganzem Herzen liebt. Und andererseits gibt es die medial geprägte Vorstellung von der Liebe als einer Art Konsumgut. Man sucht das beste »Produkt«, den perfekten Partner, und wenn es nicht passt, wird er oder sie gegen jemand Neuen ausgetauscht. Diese Vorstellung von Liebe hat auch etwas zu tun mit dem immer weiter um sich greifenden Narzissmus in unserer Gesellschaft. Zwischen diesen beiden gegensätzlichen Polen wird die Liebe zur unerfüllbaren Sehnsucht, weil sie keine Achtsamkeit mehr erfährt und auch keine Hingabe.

Die medial geprägte Liebe

Wir konsumieren gerne, das ist nichts Neues. Konsum befriedigt so manche Sehnsucht, dient als Trostpflaster für viele Wehwehchen und lässt die Endorphine im Körper Purzelbäume schlagen. Wir fühlen uns glücklich, wenn auch nur für kurze Zeit. Stolz tragen wir unsere Trophäen nach Hause, wo sie sich einreihen ins Sammelsurium stummer Zeugen eines unbefriedigten

Lebens. Claus Eurich, Philosoph und Professor für Kommunikation und Ethik, hat es in einem Vortrag zum Thema »Burnout und Resilienz« so formuliert: »Wir haben uns vom Leben entfernt, um es uns konsumierend wieder einzuverleiben.«

Wenn man will, dann kann man alles konsumieren – von den täglichen Notwendigkeiten wie Nahrung bis hin zu Luxusgütern. Den materiellen wie immateriellen Gelüsten sind keine Grenzen gesetzt. Das moderne Schlaraffenland lockt mit unendlichen Möglichkeiten und erfindet sich fast täglich neu, um den Konsumenten etwas vermeintlich Besseres, Größeres, Schöneres, Befriedigenderes zu präsentieren. Wer möchte da nicht zugreifen?

Um nur ja nichts zu verpassen und stets auf dem Laufenden zu sein, sind wir mit Smartphone und Co. immer online, kommunizieren, was das Zeug hält. Nicht mit unseren Stimmbändern, wie es von der Natur vorgesehen ist, sondern mit den Daumen. Schnell, kurz, präzise. Wie im Fieber huschen die Augen über die neuesten Meldungen auf dem iPhone. Die Überschrift muss als Information reichen. Für weiterführende Texte, die den Sachverhalt darlegen, fehlt Zeit – und Konzentration. Informationen werden, wie alles andere, schnell und oberflächlich erfasst. Wie ein großes Rauschen, das nur noch Fragmente wiedergibt.

Wem das noch nicht reicht, der präsentiert sich zugleich bei Instagram, Facebook und Co., lässt sich liken und fühlt sich je nach Klickzahl geliebt – wenn auch ohne reale Grundlage. Im schönen virtuellen Licht fühlt sich das Leben so an, wie wir es uns wünschen. Darum gilt es, online zu bleiben, koste es, was es wolle.

Ein Leben in der virtuellen Welt ist eine Scheinwelt, der wir hoffnungslos verfallen. Dort ist alles möglich, man kann alles sein, alles machen und alles ausleben, was in der Realität nicht möglich erscheint. Online ist der alte Herr Huber mit Glatze und Bierbauch plötzlich wieder der durchtrainierte Mittdreißiger, dem die virtuellen Schönheiten zu Füßen liegen. Er kann sich alles kaufen: Häuser, Grundstücke, Liebe und Sex. In der virtuellen Welt ist er das, wovon er träumt. Und für ein paar Stunden ist sein Selbstwert das eines alleinherrschenden Königs. Und das graue, farblose Mäuschen, das in der realen Welt nahezu unsichtbar ist, mutiert in der Virtualität zur Femme fatale. Auch sie erfährt die Erfüllung ihrer Sehnsüchte. Zumindest so lange, bis die Realität sie wieder eingeholt hat.

Auf einschlägigen Internetplattformen kommen auch und gerade diejenigen auf ihre Kosten, die verbindliche Nähe nur schwer zulassen können, aber auf Sex nicht verzichten wollen. In der Realität setzt ein sexueller Akt Nähe voraus, wenn auch nur für kurze Zeit. Für manche ist das bereits zu viel; sie fühlen sich bedroht, eingeengt, überfordert.

Ihnen erscheint der Klick in die Welt des virtuellen Sex als Segen. Man verpflichtet sich zu nichts, und Nähe ist dafür nicht erforderlich; kompliziertes Umwerben erst recht nicht. Schnell, unkompliziert, jederzeit verfügbar und unverbindlich. Mit einem weiteren Klick ist man schon wieder auf und davon.

Das Angebot ist aber nicht nur für Menschen mit einem Näheproblem attraktiv, sondern auch für »ganz normale« User, vorrangig Männer, aus allen sozialen Schichten und jedes Alters. Viele von ihnen haben keine Lust mehr auf das Spiel der Verführung, was zur Folge hat, dass ihre Partnerinnen immer öfter leer ausgehen. Diese wundern sich ob der Lustlosigkeit ihres Partners und versuchen, die Leidenschaft mit Raffinesse wieder anzufachen. Leider mit wenig Erfolg. Ihre Männer sind der virtuellen Sexwelt schon längst verfallen und leben dort aus, was ihnen in der Beziehung zu kompliziert erscheint. Nicht selten scheitert die Beziehung in der realen Welt dann zwangsläufig irgendwann.

Wem virtueller Sex doch etwas zu reduziert ist, der kann sich bei Seitensprungportalen anmelden. Hier tummeln sich Männer und Frauen, die eine Affäre suchen. Das ist vielleicht etwas humaner als die virtuelle Lustbefriedigung, aber auch dabei geht es vorrangig ums Kopulieren und sicher nicht um verbindliche Liebe.

Für alle, die da nicht mitkommen, denen das zu aufwendig oder zu technisch ist, gibt es die aberwitzig vielen Soaps und Doku-Dramen, um die passenden Stellvertreter für ihre Emotionen und Sehnsüchte zu finden. Sie können sich bei *Bauer sucht Frau* an dem armen Trottel erfreuen, der doch noch eine Frau abbekommt. Für die narzisstisch geprägten Voyeuristen gibt es den *Bachelor* im Vorabendprogramm: Hübsche Barbies zicken und buhlen um einen attraktiven Mann in einer attraktiven Umgebung, den es zu erobern gilt. Und natürlich die Sendung *Hochzeit auf dem ersten Blick*, in der die Wissenschaft für das perfekte Match sorgen darf.

All diese Wege enden jedoch letztlich in einer Sackgasse und nicht in einer großen Liebe, die Jahre des Alltags und der Krisen übersteht. Es ist und bleibt eine nette Unterhaltung für all diejenigen, die lieber im Sessel sitzen bleiben und im TV ihre Stellvertreter finden, die für ein paar Stunden in der Woche ihre heimlichen Träume und Hoffnungen erfüllen. Reelle Chancen lassen sich so wunderbar verpassen.

Die virtuelle Welt ist ein Teil unseres realen Lebens geworden. Vieles daran hat sicher seine Vorteile und ist aus dem täglichen Leben nicht mehr wegzudenken. Wie auch die virtuelle Partnersuche.

Als Frau jenseits der 50, die laut einigen fragwürdigen Studien eher von einem Tiger gefressen wird als einen Mann abbekommt, müsste ich den virtuellen Bonbonladen eigentlich als unkomplizierte Möglichkeit schätzen, einen geeigneten Partner zu finden. Allerdings empfiehlt es sich, hier nüchtern zu bleiben und keine falschen Hoffnungen zu hegen. Auf diesen Portalen herrschen andere Gesetze als im natürlichen Kennenlernspiel. Datingportale sind nichts für sensible Gemüter mit Wertvorstellungen der Freundlichkeit und Achtsamkeit. Sobald das Bild der erhofften Prinzessin oder des Prinzen freigeschaltet wurde, geht es ans Eingemachte. Er oder sie hat die falsche Haarfarbe oder Nase? Mit einem Klick ist das Objekt der Begierde verschwunden, und man kann sich einem anderen zuwenden. Passt das Optische, wird im nächsten Schritt die Checkliste der unrealistischen Träume abgearbeitet. Passt das auch, kommt es zum ersten Treffen.

Viele virtuelle Anbandelungsversuche sind nach dem ersten Treffen dann auch schon wieder abgehakt, weil das virtuelle Bild so gar nicht mit der Realität übereinstimmen will. Eine Auseinandersetzung mit dem Gegenüber findet deshalb meist nicht statt. Die Auswahl erfolgt nach Beuteschema und narzisstischer Befriedigung. Entspricht das Gegenüber nicht dem perfektionistischen Anspruch, dann geht man wieder in den Bonbonladen und greift erneut in den Topf der süßen Verlockungen.

Datingportale gibt es für alle möglichen Vorlieben, Berufsgruppen, Hobbys, Altersgruppen und weiß der Himmel was noch alles. Im Grunde müsste für jeden Topf der passende Deckel zu finden sein. Doch weit gefehlt. Ob jung oder alt, der Frust ist groß bei der virtuellen Brautschau. Also versucht man es mit Speed Dating. Das sind Veranstaltungen, bei denen man innerhalb kurzer Zeit eine ganze Reihe potenzieller Partner kennenlernen kann. Sicher ein Spaß, wenn man nichts anderes vorhat und die Sache auch nicht allzu ernst nimmt. Ein netter Zeitvertreib, aber fürs ernsthafte Kennenlernen oder gar für eine längerfristige Beziehung sicher nicht geeignet.

Das Gleiche gilt für Tinder, ein Portal, bei dem es nur Bilder von den potenziellen Partnern gibt. Gefällt ein Bild, dann gibt es »swipes«, und wenn man Glück hat, swipt der/die Geswipte zurück, und schon kommt es zum Kontakt. Ansonsten wischt man weg, was nicht gefällt.

Natürlich ist auf solch virtuellem Terrain alles Mögliche an menschlichen Abgründen zu finden. Gefakte Bilder sind hier noch das kleinere Übel.

Was macht dieses schnelle, virtuelle Leben mit dem eigentlichen Sinn der Partnersuche? Wir alle suchen einen Partner, der uns liebt, wie wir sind, vergessen aber, dass auch dieser Partner aktiv geliebt werden möchte, mit allen Anstrengungen, deren es dazu bedarf. Sich lieben zu lassen, scheint einfacher, als selbst zu lieben. Das führt dazu, dass wir uns in den unendlichen Möglichkeiten der virtuellen Welt verlieren und damit auch unsere Entscheidungskompetenz, weil wir uns nicht mehr festlegen können. Es gibt einfach zu viel, und unser Wunsch nach Perfektion lässt uns nach dem immer noch Besseren und Schöneren suchen.

Der Wiener Beziehungscoach Dominik Borde hat es in seinem Artikel »Warum wir durch das Internet verlernt haben zu lieben« wie folgt auf den Punkt gebracht:

> »Ob soziale Medien ein Segen oder ein Fluch für unsere Liebesbeziehungen sind, hängt maßgeblich von der Dosis und vom individuellen Umgang mit ihnen ab. […] Sex und Lust auf den ersten Blick scheinen online leichter verfügbar. Liebe allerdings ist ein Ort, an den du gehst, um etwas zu geben, und dafür gibt es (noch) keine App!«

Die Liebe in einer narzisstischen Gesellschaft

In letzter Zeit habe ich mich oft gefragt, ob ich langsam alt werde, weil sich der Satz meiner Großmutter immer öfter in meine Gedanken drängt: »Früher war alles besser ...« Sobald man diesen Satz laut ausgesprochen hat, weiß das Umfeld, dass man mit der aktuellen Entwicklung nicht mehr Schritt halten kann; ein Zeichen des Alterns. Aber laut ausgesprochen hat ihn letztlich meine Tochter. Genervt vom Optimierungswahn und dem Unvermögen, sich für eine Sache zu entscheiden, weil noch etwas Besseres kommen könnte, ist ihr dieser Satz entglitten. Und sie teilt ihre Meinung mit vielen ihrer Altersgenossen. Sie sehnen sich scharenweise nach der einsamen Hütte in den Bergen. Suchen sich selbst auf den Pfaden des Jakobsweges oder finden sich beim Ausprobieren unterschiedlichster Meditationsformen wieder.

Wen wundert's. Alles wird perfektioniert und optimiert. Vom eigenen Körper über das eigene Denken bis hin zum Handeln. Unsere Vorbilder sind Kunstmenschen, bearbeitet mit Photoshop und stilisiert durch die Medien. Schöne, erfolgreiche Menschen, die, stetig lächelnd, allen Anforderungen des Lebens mit links gerecht werden. Ab und zu fällt einer aus der Reihe, rappelt sich wieder auf und wird als Held gefeiert. Diejenigen, die liegen bleiben, bekommen immerhin unser Mitleid. Sie haben es nicht geschafft, waren zu schwach oder haben es nicht verdient.

Es sind die Narzissten, die verstanden haben, welches Selbstoptimierungspotenzial in den Medien und in der virtuellen Welt steckt. Sicher, ein Optimierungs-Fake. Aber wen kümmert's, der Zweck heiligt bekanntlich die Mittel. Und der Zweck ist die narzisstische Befriedigung. Das Gefühl, einzigartig zu sein und von vielen geliebt zu werden. Ein Multiplikationsfaktor für Liebe? Weit gefehlt. Auch die Liebe ist in diesem Zusammenhang nur eine Illusion. Und multiplizieren lässt sie sich generell nicht. Aber sie kann wachsen, vorausgesetzt, sie bekommt entsprechende Nahrung.

Wo es viele Narzissten gibt, ist auch die Gesellschaft narzisstisch geprägt. Narzissmus per se ist noch nichts Schlimmes. Eine kleine Prise davon schadet nicht. Ohne einen gesunden Narzissmus gäbe es kein Streben und keine Entwicklung. Wir brauchen ihn also. Und die Spannbreite zwischen gesundem Narzissmus und seinen krankhaften Auswüchsen ist recht groß. Doch zurzeit wird das untere Ende immer dichter und das obere Ende immer lichter. Das Ich und die glanzvolle Selbstdarstellung sind zur Religion geworden. Sich um den anderen zu kümmern, sich verantwortlich zu fühlen, sind Lippenbekenntnisse geworden, die immer weniger ihre Erfüllung finden, aber vom narzisstischen Gegenüber vehement eingefordert werden, ohne dass es sich selbst in der Pflicht sieht.

Wir haben alles im Überfluss in unserem Schlaraffenland der unbegrenzten Möglichkeiten. Und doch erleiden wir einen Mangel. Es fehlt an wertvollen Empfindungen wie Empathie, Zufriedenheit, Liebe, Geduld, Mitgefühl, Hilfsbereitschaft, Selbstwert und Verbindlichkeit – Grundlagen der Menschlichkeit, ganz besonders im Kontext der Zweisamkeit. Dabei leben wir in der Unfähigkeit, Entscheidungen zu treffen, weil es zu viele Möglichkeiten der Optimierung gibt. Wir sind getrieben und zerrissen zwischen der Fülle an Angeboten. Es stresst ungemein, immer glänzen zu müssen, immer hervorragende Leistungen zu bringen – und dabei sich selbst nicht mehr im Spiegel zu erkennen, weil man dem Strom der Masse folgt, um nicht in der Einsamkeit verloren zu gehen.

Die Schönheitsindustrie ist einer der vielen Gewinner des narzisstischen Bedürfnisses nach immerwährender Schönheit und Jugendlichkeit. Da wird am Körper geschnipselt, mit Botox die Mimik eingefroren, und eingefallene Wangen werden mit Hyaluronsäure aufgepumpt. Und das manchmal so lange, bis der geschundene Körper einer absurden Statue gleicht, mit starrem Blick, ohne jegliche Regung. Verstehen Sie mich nicht falsch: Ich finde manche Errungenschaften der plastischen Chirurgie wirklich segensreich. Aber auch hier macht die Dosis das Gift. Viele Eingriffe im Namen der Schönheit bleiben fragwürdig und nehmen dem Menschen seine Einzigartigkeit.

Natürlich ist ein durchtrainierter Körper ohne jeglichen Makel schön anzusehen. Aber ganz ehrlich: Was für ein Stress, da mithalten zu müssen. Ich stelle mir eine Beziehung zu einem perfekten Menschen äußerst unentspannt vor. Perfektion spiegelt unseren eigenen Makel. Das ist nicht sonderlich selbstwertstärkend. Für den einen oder anderen mag es ein Ansporn sein, seinen eigenen Körper zu optimieren. Aber es ist und bleibt ein Rennen gegen die Zeit. Der Körper verfällt, ob wir das wollen oder nicht. Alle Straffungsversuche, Diätfoltern und Muskelaufbauversuche fallen irgendwann zwangsläufig dem natürlichen Alterungsprozess zum Opfer. Paradoxerweise lieben wir an anderen nicht das Perfekte, sondern das Unperfekte, das Unverkennbare, das Authentische. Und wie gerne schauen wir in ein lachendes Gesicht, dessen strahlende Augen von Lachfältchen umsäumt sind. Wir zerstören mit unserem Schönheits- und Jugendlichkeitswahn das, was wir lieben. Ein seltsames Paradox, das eine narzisstische Gesellschaft kennzeichnet.

Wenn wir die Anstrengungen, die wir für das Ideal der Schönheit auf uns nehmen, in die Pflege unserer Persönlichkeit investieren würden, dann wäre unser Miteinander weit entspannter. Irgendwie wissen alle, dass es so ist, und trotzdem können sich viele aus dem Sog nicht befreien, machen den ganzen Hype mit, quälen sich im Namen der Schönheit und sind immer wieder frustriert, dass all ihre Mühe keine, aber wirklich überhaupt keine Auswirkung auf das hat, was sie wirklich damit bezwecken möchten: geliebt zu werden.

Eine narzisstische Gesellschaft formt sich aus vielen narzisstischen Menschen. Jeder Einzelne Narzisst weist die besagten Mängel auf, welche die Gesellschaft insgesamt widerspiegelt. Um diesen Mangel auszugleichen, braucht ein Narzisst andere Menschen, solche, die sich gerne in seinem Glanz baden und ihm deshalb gerne zu Diensten sind. Sie müssen für Ausgleich sorgen, für die guten Gefühle, für Empathie und Liebe, ohne dies im Gegenzug jemals für sich erwarten zu können.

Natürlich frage ich mich, wie eine Beziehung in Zukunft funktionieren soll, wenn es immer mehr Menschen gibt, deren eigenes Wohl das Zentrum ihres Denkens und Handelns ist. Die Wahrscheinlichkeit, in einer Paarbeziehung an einen Narzissten zu geraten, wird immer höher, und damit sinkt auch die Wahrscheinlichkeit auf eine Beziehung, in der die Liebe sich entwickeln kann und einen fruchtbaren Boden zum Wachsen findet.

Wie sieht eine Beziehung aus, die vom Narzissmus geprägt ist? Gibt es Hoffnung, dass sich ein Narzisst ändert? Kurz gesagt: Nein, ein Narzisst wird sich nicht ändern. Und Sie werden sich auch nicht ändern.

Menschen ändern ihre Persönlichkeit nicht für andere Menschen, das wäre auch ein höchst schwieriges Unterfangen, weil immer gleiche Verhaltensmuster sich in der Gehirnstruktur festschreiben. Diese Verhaltensmuster werden bereits in der Kindheit festgelegt und im Laufe des Lebens an der einen oder anderen Ecke etwas angepasst oder überarbeitet. Das geschieht meist unbewusst über einen langen Zeitraum und dient vorrangig dem eigenen psychischen und physischen Überleben. Wir handeln also in der Regel nach alten bewährten Mustern und denken nicht daran, sie aufzugeben. Weil sie uns vertraut sind, zuverlässige Handlungsmöglichkeiten bieten und Teil unseres Wertesystems sind. Indem wir auf diese Muster zurückgreifen, fühlen wir uns sicher, sie geben uns eine Art Orientierung. Könnten wir nicht auf sie zurückgreifen, dann wären wir handlungsunfähig. Das gilt für alle Menschen, deshalb ist es auch so schwer, etwas im eigenen Denken und Verhalten zu ändern. Das bedeutet nun nicht, dass wir es nicht könnten. Es ist durchaus möglich, alte Muster zu überschreiben, also ein bestimmtes Verhalten zu verändern. Das ist aber meist ein langer und schmerzhafter Prozess. Schmerzhaft deshalb, weil wir dafür Anteile unserer Persönlichkeit infrage stellen müssen, und das ist nicht besonders selbstwertstärkend. Das ist auch der Grund, warum es sehr beliebt ist, beim Gegenüber eine Änderung einzufordern. Denn auf diese Weise kann man selbst bequem in seiner Komfortzone bleiben.

Um sich zu ändern, bräuchte es also eine Erkenntnis über sich selbst und die eigenen dysfunktionalen Anteile. Meist erfährt man diese Erkenntnis, wenn überhaupt, aufgrund eines großen Leidensdrucks oder aus Weisheit. Letzteres ist eher unwahrscheinlich. Und bei einem Narzissten ausgeschlossen. Ein Narzisst wird sich niemals ernsthaft infrage stellen und im Traum nicht daran denken, etwas an seinem Verhalten zu ändern, auch wenn sein Leidensdruck hoch ist. Er wird die Schuld grundsätzlich beim Gegenüber sehen und ihm seine schlechten Anteile zuschreiben.

In einer narzisstisch geprägten Beziehung wird der Stärkere den Schwächeren abwerten, um seiner vermeintlichen Grandiosität Glanz zu verleihen. Der Schwächere wird ihn tragen, lieben, trösten und ihm folgen, wo immer er hingeht. Da braucht es verdammt viel Opferbereitschaft, Leidensfähigkeit und einen Hang zum Devoten. Narzissten sind zudem im Allgemeinen weder empathisch noch liebesfähig im klassischen Sinne. Sie suchen sich ihre Partner nach ihrem Nutzen. Taugen sie dazu nicht mehr, werden sie ohne Gewissensbisse ausgetauscht.

Das Schlimme ist, dass man einen Narzissten meist nicht sofort erkennt. Im Gegenteil, Narzissten sind Meister der Verführung und verfügen oft über unwiderstehlichen Charme. Wer ihnen einmal ins Netz gegangen ist, kann sich nur schwer wieder daraus befreien. Menschen, die aus einer Beziehung mit einem Narzissten ausbrechen konnten, haben meist einen langen Leidensweg hinter sich. Denn Narzissten verstehen es geschickt, den Partner für alles verantwortlich zu machen. Sie selbst sehen sich als Opfer, das aus reiner Selbstlosigkeit in der Beziehung bleibt. Ein perfides Spiel, das anfänglich nur schwer zu durchschauen ist. Je intelligenter der Narzisst, umso gefährlicher das Machtspiel. Zu einem Täter gehört allerdings immer ein Opfer. Je mehr sich das Opfer anzupassen versucht, je mehr es so sein will, wie der Narzisst es fordert, umso mehr fordern diese Anpassungsversuche den Täter heraus. Die Opferrolle abzulegen, bedeutet aber zugleich, die Beziehung abzubrechen – eine Perspektive, die dem Opfer massive Schuldgefühle bereitet. Und so wird es weiterhin versuchen, sich anzustrengen. Emotionaler Stress als Endlosschleife.

Ein Narzisst hat eine untrügliche Spürnase für Menschen, die er für seine Zwecke instrumentalisieren kann. Gerät er dennoch einmal an eine reife Persönlichkeit, werden heftige Konflikte den Alltag beherrschen. Aber meistens halten solche Konstellationen nicht sehr lange.

Versuchen Sie, eine Spürnase für Narzissten zu entwickeln, um nicht in ihre Fänge zu geraten. Seien Sie wachsam, wenn ein Mensch es versteht, mit Charme und Charisma die Menschen für sich zu gewinnen. Das kann an seiner extravertierten Natur liegen, aber eben auch ein Anzeichen einer wenig verträglichen narzisstischen Persönlichkeit sein. Es ist besser, genau hinzusehen, bevor es zu spät ist. Achten Sie deshalb darauf, ob nachfolgende Verhaltensweisen neben dem gewinnenden Charme noch auffallend sind, denn dann haben Sie es mit großer Wahrscheinlichkeit mit einem Narzissten zu tun.

- Ein Narzisst redet gerne und viel über sich selbst und seine Erfolge. Er ist wenig an den Erfolgen seines Gegenübers interessiert, auch nicht an dem, was ihn bewegt, und wenn doch, dann nur, wenn er darin einen Vorteil für sich selbst sieht.
- Kritischen Fragen weicht er aus oder ignoriert sie. Lobt man ihn und bestätigt ihn in seiner Überzeugung, etwas Besonderes zu sein, dann ist er durchaus bereit zu einem liebevollen Umgang, allerdings mit wenig Tiefgang und meist von kurzer Dauer.
- Er neigt dazu, seinem Gegenüber die Fehler zu unterstellen, die er selbst macht. Arrogantes Verhalten und Abwertung Dritter, um sich selbst besser darzustellen, ist bei einem Narzissten die Regel.
- Der Narzisst hat zudem eine misstrauische Natur und möchte gerne alles und jeden kontrollieren.
- Seine Erwartungen sind meist überzogen und wenig realistisch, und er nutzt Menschen vorrangig für seine Zwecke.
- Echte Gefühle oder gar Liebe darf man von einem Narzissten nicht erwarten. Vielmehr nährt er sich von den Gefühlen seiner Mitmenschen und ganz besonders von den Gefühlen seines Partners, ohne etwas davon zurückzugeben.

Ich möchte damit nicht sagen, dass eine Beziehung mit einem Narzissten nicht funktionieren kann. Es kommt immer darauf an, wie der Gegenpart geprägt ist und wie weit er sich dem Narzissten gefügig machen kann oder will und damit auch glücklich werden kann. Aber im Allgemeinen ist es eine problematische Beziehung mit wenig echter Nähe. Wenn Sie sich in einen Narzissten verliebt haben, sollten Sie eine klare Entscheidung treffen, ob Sie ihn auch lieben wollen, und sich der Konsequenzen bewusst werden, die damit verbunden sind.

Besser wäre es, sich gegen den narzisstischen Sog zu schützen, der die Gesellschaft ergriffen hat. Immer mehr Menschen erkennen diese Entwicklung, und sie suchen neue Wege der Gemeinsamkeit, des sozialen Miteinanders. Alte Werte werden wieder ausgegraben und liebevoll gepflegt, wie auch Freundschaften mit Gleichgesinnten, die ähnliche Werte haben. Pflegen Sie deshalb Rituale mit Freunden und Familienmitgliedern. Das hat etwas Vertrautes und Verbindendes, vermittelt Sicherheit und stärkt das Selbstvertrauen.

Schaffen Sie sich eine private Welt, in der Sie sein können, wie Sie sind, und in der Sie Wertschätzung erhalten, ohne sich verbiegen zu müssen. Engagieren Sie sich für andere, und zwar aktiv. Reservieren Sie vier Stunden in der Woche für Menschen, die Ihre Hilfe benötigen. Dabei ist es unerheblich, ob es sich um Freunde, Bekannte oder Fremde handelt, denen Sie Ihre Unterstützung zukommen lassen. Halten Sie weitere zehn Stunden für die Pflege von Freundschaften frei. Dazu müssen Sie eine Entscheidung treffen – die Entscheidung, an welchen Tagen Sie sich dafür Zeit nehmen und was Sie bereit sind, dafür aufzugeben. Sie werden sehr schnell erkennen, wo Ihre Prioritäten liegen. Und bitte reden Sie sich nicht ein, Sie *müssten* so viele Dinge tun, da bliebe wenig Zeit für solch ein Engagement – das wäre die narzisstische Komponente. In Wirklichkeit müssen Sie nichts. Niemand sagt Ihnen, dass Sie dies oder jenes tun *müssen*. Zugegeben, vielleicht wird manches von Ihnen erwartet, aber am Ende treffen Sie die Entscheidung, ob Sie diese Erwartung erfüllen möchten oder nicht. Natürlich müssen Sie die Konsequenzen Ihrer Entscheidungen tragen. Aber auch hier bestimmen Sie, wie weit Sie gewillt sind, diese zu tragen.

Der Aufwand lohnt sich, denn im Kreise von Menschen, die Ihre Werte teilen, findet sich oft der ideale Partner für ein gemeinsames Leben.

Liebe neu definieren

Die alte Liebe passt nicht mehr in unsere Welt, und die neue ist hoffnungslos überfordert mit den Ansprüchen, die wir an sie haben. Wie wäre es zur Abwechslung mit einer realistischen Liebe? Einer Liebe, die den Stürmen des Alltags standhält und sich nicht in romantischen Vorstellungen verliert.

Die sich nicht verkleiden muss, um unseren Ansprüchen zu genügen. Die einfach sein darf, was sie im Kern ist und immer schon war: ein Nährboden von immer gleicher Qualität. Die Saat und deren Pflege entscheiden, was wachsen wird. Im Klartext bedeutet das: Die neue, die realistische Liebe fordert von uns Sorgfalt und Achtsamkeit. Nur wenige Menschen sind noch bereit, wirklich in sie zu investieren, Anstrengungen auf sich zu nehmen und sie geduldig zu pflegen.

»Wenn sie sich nicht von alleine zeigt, dann ist es keine Liebe«, so die allgemeingültige Meinung. Von alleine zeigt sich aber bestenfalls die flüchtige Verliebtheit. Die Liebe kommt nur, wenn sie gelockt wird. Und sie fordert eine klare Entscheidung, sich auf sie einzulassen – mit allen Mühen, die damit verbunden sind.

Nun wäre die Frage berechtigt, warum Sie sich auf die realistische Liebe einlassen sollen, wenn sie mit Anstrengung verbunden ist. Stellen Sie sich vor, Sie haben für eine Sache hart gearbeitet und erhalten dafür einen Lohn, der sich nachhaltig positiv auf Ihr weiteres Leben auswirkt. Wie werden Sie sich dann fühlen? Und nun stellen Sie sich vor, Sie haben so viel Geld gewonnen, dass Sie sich davon etwas leisten können, was Sie immer schon wollten. Das macht Sie zwar für eine gewisse Zeit glücklich, wird aber keinen nachhaltigen Einfluss auf Ihr zukünftiges Leben haben. Was wir uns selbst erarbeitet haben, ist von größerem Wert für uns als das, was wir zugetragen bekommen.

Kommen wir auf den Nährboden und seine Saat zurück: Sie können nun versuchen, irgendetwas auf das Feld der Liebe zu werfen, und hoffen, dass die Saat aufgeht. Sollten dann tatsächlich einige Pflänzchen das Licht der Welt erblicken, dann werden sie über kurz oder lang verdorren, wenn sie nicht gegossen werden. Das bedeutet, eine Liebe, die bewusste Achtsamkeit erfährt, gepflegt wird und der man Zeit widmet, gedeiht besser als eine, die man sich selbst überlässt. Und Ersteres wird als wertvoller empfunden als Letzteres. Wer also viel in eine Beziehung investiert, wird sie nicht so schnell aufgeben, auch nicht in Krisenzeiten.

Im weiteren Verlauf des Buches werden Sie viele Hinweise finden, die Sie bei der Liebespflege unterstützen. Und im Kapitel »Beziehungshelfer im Alltag« finden Sie ganz konkrete Vorschläge dazu. Aber bevor es so weit ist, müssen Sie sich für einen Menschen entscheiden, dem Sie Ihre Liebe geben möchten. Im nächsten Kapitel will ich Ihnen ein paar Anregungen geben, wie Sie diesen Menschen finden können.

DIE SUCHE NACH DER STECKNADEL IM HEUHAUFEN

Es gibt vielversprechende Wege auf der Suche nach der Liebe, wäre da nur nicht die Entscheidungsstarre, in die Suchende immer wieder verfallen. Zu groß ist die Fülle der scheinbaren Möglichkeiten, die sich bieten. Es ist ein Gefühl wie in einem großen Schlaraffenland, das mit seinen Köstlichkeiten lockt. Man möchte von allen Verlockungen kosten, um den ultimativen Genuss zu erleben. Aber wir wissen natürlich, wie schlecht uns so viele Leckerbissen bekommen. Also müssen wir uns entscheiden, und das fällt uns verdammt schwer. So schwer, dass damit so mancher überfordert ist.

Eines Tages überraschte mich ein guter Freund mit folgender Aussage über seine Lebensgefährtin: »Eigentlich ist sie eine tolle Frau, und ich denke, sie ist die passende Partnerin für mich. Aber ich habe immer den Gedanken im Kopf, ich könnte noch etwas Perfekteres finden.« Oder wie eine überforderte Patientin vor Kurzem berichtete: »Ich kann mich nicht mehr entscheiden, weil ich Angst habe, damit etwas Besseres zu verpassen. Das geht so weit, dass ich mit dem Kuchen, den ich bestellt habe, nicht mehr zufrieden bin, weil der Kuchen, den eine andere Person gerade am Nachbartisch isst, vielleicht besser sein könnte.«

Der Optimierungs- und Perfektionswahn macht manchen Zeitgenossen zum ruhelos Suchenden, der nicht mehr in der Lage ist, sich auf einen Menschen längerfristig einzulassen. Wenn die Not am Ende besonders groß geworden ist, wird blind und überstürzt eine Entscheidung getroffen, die unter Umständen Schlimmeres nach sich zieht, als einige Jahre ungewollt als Single zu leben.

Nur, wo findet man den richtigen Partner fürs Leben? Und wie soll man nun wissen, welcher Mensch der richtige Gefährte ist? Sollte man dem Bauchgefühl die Entscheidung überlassen? Sicher eine Möglichkeit, aber meist reicht es nur zum Verlieben. Das Bauchgefühl wird uns nicht zuverlässig sagen können, ob der betreffende Mensch auch langfristig gesehen der passende Partner ist. Dann doch lieber entsprechende Datingportale durchforsten. Wir wissen inzwischen, auch da wird uns der passende Partner nicht auf dem goldenen Tablett serviert. Vielmehr ist diese ganze Geschichte mit vielen Frustrationen verbunden, die man erst einmal wegstecken muss. Das gelingt den meisten Suchenden nicht besonders gut, weil der Selbstwert darunter leidet. Und mit einem angeschlagenen Selbstwert wird es doppelt so schwer, die Partnersuche vertrauensvoll voranzutreiben.

Es gibt auch diejenigen, die laut verkünden: »Ich lasse mich finden«, während sie sich selbstverliebt zurücklehnen und zutiefst davon überzeugt sind, so das Glück zu finden. Das kann schon funktionieren, manche gewinnen schließlich auch im Lotto. Aber die Erfolgsaussichten sind in der Liebe leider ähnlich gering.

Warum sich nicht einfach verkuppeln lassen? Wozu haben Sie Freunde und Familie? Jeder kennt irgendeinen Single, der auf der Suche ist. Und niemand kennt Sie besser als die Ihnen nahestehenden Menschen, die Sie durch Höhen und Tiefen begleitet haben. Sie kennen Ihre Vorlieben, Ihre Abneigungen, Ihre Freizeitbeschäftigungen, Ihr Beuteschema, auch was die Attraktivität betrifft und Ihre Lebensziele. Deshalb besitzen sie auch die Kompetenz, das passende Gegenstück für Sie aus ihrem Bekanntenkreis herauszufischen. Es muss nicht gleich ein direkter Angriff gestartet werden mit Abendessen zu viert, das könnte peinlich enden. Aber wenn das passende Gegenstück zufällig bei der nächsten Party anwesend ist, dann wäre das sicher ein unkomplizierter Anfang. Das bedeutet nicht, dass Sie gleich ein Date vereinbaren müssen. Es reicht schon, wenn Sie sich beim Treffen mit Freunden immer wieder begegnen. So haben Sie die Chance, sich langsam kennenzulernen, ohne sich bedrängt zu fühlen. Sie können im Grunde nichts verlieren, nur etwas gewinnen. Kommt man nicht als Paar zusammen, dann vielleicht als Freunde. Und wenn beides nicht klappt, ist das auch nicht so schlimm, weil noch nichts groß passiert ist. Vielleicht dann auf der nächsten Party oder beim nächsten Treffen mit den Freunden.

Seien Sie also offen für die Kuppelversuche Ihrer Freunde oder Familienmitglieder. Das ist weder verwerflich noch beschämend, sondern ein gangbarer Weg, der sowieso dauernd praktiziert wird, aber die Kandidaten dürfen nichts davon mitbekommen. Ja, um Himmels willen, warum denn nicht? Auf Datingportalen ist die Sache doch noch viel direkter und offensichtlicher. Da fühlt sich seltsamerweise niemand beschämt. Obwohl das, was dort oftmals passiert, weit mehr Stoff liefert, um peinlich berührt zu sein. Also, es spricht wirklich nichts dagegen, im Freundeskreis die Bereitschaft zu signalisieren, dass Sie sich gerne verkuppeln lassen.

Auch Singlegruppen, die eine gemeinsame Leidenschaft teilen, sind eine der besten Möglichkeiten, den Partner fürs Leben zu finden. Ob es sich um Berg- oder Sportjunkies handelt, Hundenarren oder Tanzwütige, Briefmarkensammler oder Reiselustige, es gibt für nahezu alle Vorlieben und Interessen eine Gruppe, der man beitreten kann. Das Internet und speziell Facebook sind voll davon. Das Schöne an diesen Gruppen ist, dass sich die Mitglieder in der Regel auch im realen Leben treffen, Freundschaften schließen und tatsächlich häufiger, als man denkt, Partnerschaften eingehen. Das Ganze passiert meist ungezwungen und mit genügend Zeit zum Kennenlernen. Man muss sich auf nichts einlassen, aber man kann. Das macht die Sache recht entspannt und unkompliziert.

Egal, welchen Weg Sie bevorzugen, am Anfang steht die Entscheidung, sich auf den Weg zu machen. Am besten mit klaren Vorstellungen über sich selbst und über den potenziellen Partner, ohne sich in unrealistischen Vorstellungen zu verlieren. Beginnen Sie doch gleich jetzt damit, und finden Sie im nächsten Kapitel heraus, welchen Liebesstil Sie leben.

WELCHEM LIEBESSTIL SIND SIE VERFALLEN?

Sicherlich haben Sie sich bei der Beobachtung des einen oder anderen Paares schon einmal gewundert, wie die beiden miteinander zurechtkommen und ob das, was sie verbindet, tatsächlich etwas mit Liebe zu tun hat, weil ihr Beziehungsmuster so gar nicht mit Ihren persönlichen Vorstellungen übereinstimmt.

Das liegt daran, dass wir zwar alle ähnliche Gefühle mit der Liebe verbinden, aber dennoch unterschiedliche Vorstellungen und Erwartungen an sie haben. So glauben manche in einem regen Sexleben die Liebe zu finden, andere in der Selbstaufgabe, und wieder andere zählen auf eine tiefe Freundschaft.

Der kanadische Soziologe John Alan Lee hat sich die Mühe gemacht, die unterschiedlichen Vorstellungen von Liebe zu klassifizieren. In seinem Buch *Colors of Love* nennt er sechs Liebesstile, an denen wir uns offensichtlich orientieren. Ich möchte sie Ihnen nachfolgend vorstellen und erklären, welche Auswirkungen die einzelnen Liebesstile auf Ihr Liebesleben haben können.

Eros – die romantische Liebe

Das Gefühl der Verliebtheit steht hier im Vordergrund. Die Person muss einem Idealbild an Attraktivität und persönlichen Vorstellungen entsprechen, sonst funktioniert es nicht mit dem

Verlieben. Aber wenn es gefunkt hat, und das passiert auch schon mal auf den ersten Blick, dann will der Romantiker am liebsten Tag und Nacht dem neuen Partner nahe sein, alle Gedanken mit ihm teilen und die sexuelle Erfüllung finden.

Wird das Bild seiner Vorstellung durch die Wirklichkeit getrübt, ist er nicht besonders kompromissbereit. Das Gegenüber muss seinem Idealbild entsprechen, sonst macht er sich erneut auf die Suche. Romantiker sind dennoch grundsätzlich sehr bindungswillig und haben das Bild einer langen, möglichst lebenslangen Beziehung im Kopf, wenn sie verliebt sind.

Falls Sie sich hier wiederfinden, sollten Sie sich auch darüber klar werden, dass es mit einem perfektionistischen Anspruch nicht einfach ist, den richtigen Partner zu finden. Im schlimmsten Fall sind Sie ein ganzes Leben lang auf der Suche nach Mr oder Mrs Perfekt und verpassen die besten Chancen, weil Sie einem Idealbild nachjagen, das leider nicht an der nächsten Straßenecke auf Sie wartet. Vielleicht sind folgende Fragen hilfreich, die Sie sich beantworten sollten: Erfüllen Sie selbst die Idealvorstellung, die Sie in Bezug auf Ihren potenziellen Partner haben? Welche Kompromisse wird Ihr gewählter Partner machen müssen, wenn er mit Ihnen zusammen sein will?

Mania – die besitzergreifende Liebe

Dieser Liebesstil ist die exzessive Form von Eros, und wie der Name »Mania« schon sagt, hat sie etwas mit Wahnsinn zu tun. Man ist wahnsinnig verliebt, kann nicht schlafen, essen oder klar denken. Es dreht sich alles um den Partner; alles andere tritt in den Hintergrund. Sexualität und Leidenschaft stehen im Vordergrund. Die geliebte Person erscheint als das Sinnbild der reinen Liebe und unvergleichlich in allen Belangen. Eifersüchtige Kontrollen und Verlustängste dominieren das Geschehen.

Das Selbstbewusstsein steigt und fällt mit der Aufmerksamkeit des Partners. Manisch Liebende fordern deshalb unablässig vom Partner Liebesbeweise, bis der irgendwann genug hat und die Beziehung beendet. Wer so liebt, braucht keine anderen Dramen mehr im Leben. Menschen, die diesem Liebesstil verfallen sind, wären gut beraten, dem Problem ihres angeschlagenen Selbstbewusstseins auf den Grund zu gehen, weil sich sonst das Drama in einer Endlosschleife wiederholen wird. Ein guter Therapeut kann hier eine sehr wertvolle Unterstützung sein, die Sie sich nicht aus falscher Scham verwehren sollten.

Ludus – die spielerische Liebe

Bei diesem Liebesstil geht es um Unabhängigkeit und Freiheit. Wer sich ihm verschrieben hat, wird sich niemals ernsthaft auf eine Beziehung einlassen oder gar treu sein. Sobald es anstrengend oder schwierig wird, sucht der Ludus-Geprägte das Weite, um sich in das nächste Abenteuer der Verführung zu stürzen. Er will's unkompliziert, ohne Verpflichtung und mit viel Spaß.

Die berühmteste Ludus-Persönlichkeit dürfte wohl Giacomo Casanova sein, der im 18. Jahrhundert die Herzen vieler Frauen im Sturm eroberte, aber sich ein Leben lang nicht binden konnte. Menschen mit diesem Liebesstil werden ruhelos Suchende bleiben. Wer sich nicht festlegen kann, wird auch nicht in den Genuss einer gewachsenen und tiefen Liebe kommen. Das muss nicht weiter schlimm sein, wenn Sie selbst mit diesem Liebesstil zufrieden sind und nach keiner tiefen Bindung suchen.

Agape – die altruistische Liebe

Das Wohl der geliebten Person steht hier im Zentrum allen Denkens und Handelns. Das eigene Wohlergehen wird nicht so wichtig genommen. Es handelt sich um eine selbstlose Liebe, die eigene Interessen hinter die des Partners stellt. Selbst wenn der Agape-Mensch von seinem Partner nicht geliebt wird und der Partner diese Aufopferung nicht verdient hat, hört der altruistisch Liebende nicht auf, sich für ihn aufzuopfern. Er hilft ihm und steht ihm bei, solange seine Kräfte reichen. Er fühlt sich geradezu verpflichtet, für den Partner da zu sein, was immer auch geschieht oder was immer dieser fordert.

Der Agape-Mensch dürfte der ideale Partner für die narzisstische Persönlichkeit sein. Wer so liebt, wird fast zwangsläufig an eine narzisstische Persönlichkeit geraten – und wahrscheinlich auch an ihr zerbrechen. Er wird den Narzissmus des Gegenübers herausfordern, wenn keine Grenzen gesetzt werden. Weist der Partner eines Agape-Menschen aber keine narzisstischen Tendenzen auf, wird er sich ständig schuldig fühlen, weil er sich in der Beziehung vielleicht nicht auf dieselbe Weise aufopfert. Eine Partnerschaft auf Augenhöhe ist so nur schwer möglich.

Storge – die freundschaftliche Liebe

Diese Art der Liebe entwickelt sich meist aus einer längeren Freundschaft und Sympathie füreinander. Über gemeinsame Interessen und Freizeitaktivitäten baut sich allmählich eine Beziehung auf. Sexualität steht dabei nicht im Vordergrund, sie entwickelt sich im Laufe der Zeit, bleibt aber eher eine Nebensache. Dafür dominieren Wertschätzung, Toleranz, Vertrauen und Respekt. Man möchte mit dem anderen sein Leben und seinen Besitz teilen und gemeinsam etwas aufbauen. Der Partner ist ein wichtiger Teil des eigenen Lebens.

Meines Erachtens ist dieser Liebesstil der erfolgversprechendste für eine lange und erfüllende Beziehung, wenn auch

Pragma mitmischen darf. Die Liebe macht hier kein großes Getöse. Sie kommt vielmehr auf leisen Sohlen, fast unbemerkt. Oftmals so leise, dass sich die Partner nicht mehr daran erinnern können, wann sie angefangen haben, sich zu lieben. Storge zeichnet sich durch Vertrautheit, Beständigkeit und Zuverlässigkeit aus, also genau das, was die meisten Menschen in einer langen und erfüllenden Beziehung suchen.

Pragma – die vernunftgesteuerte Liebe

Hier haben wir es mit der Vernunft zu tun. Eine Beziehung zu einem anderen Menschen wird dann eingegangen, wenn die Lebensziele übereinstimmen und/oder praktische Gründe im Vordergrund stehen, wie beispielsweise einfachere Alltagsbewältigung, finanzielle Beweggründe, besseres soziales Umfeld oder Religionszugehörigkeit. Selbst Karriereaussichten können eine Rolle spielen. Es wird möglichst nichts dem Zufall überlassen. Der pragmatisch Liebende glaubt daran, dass sich die Liebe entwickeln kann, wenn die äußeren Umstände passen, deshalb hat er auch seine Checkliste im Kopf, mit der er die Eigenschaften des potenziellen Partners abgleicht. Von Verliebtheit hält er nicht viel, weil ihm das zu wenig substanziell ist. Er verlässt sich deshalb lieber auf seinen Verstand.

Für die meisten Menschen ist eine solche Einstellung zur Partnerwahl nicht sonderlich erstrebenswert, weil sie darin keine Chance für die Liebe sehen. Arrangierte Ehen basieren auf dieser Vorgehensweise. Und sie sind nicht zwangsläufig die schlechtere Strategie, nur weil sie dem Allgemeinbild der romantischen Vorstellung von der Liebe nicht entsprechen. Leider werden arrangierte Ehen oftmals in einen Topf mit Zwangsehen geworfen, was der Realität ganz und gar nicht gerecht wird. Eine Zwangsehe wird gegen den Willen eines oder beider

Heiratsanwärter geschlossen. Bei einer arrangierten Ehe durch Verwandte oder Ehevermittler ist das potenzielle Brautpaar mit der Vermittlung einverstanden. Eine arrangierte Ehe muss deshalb nichts Schlechtes sein.

In meinem unmittelbaren Bekanntenkreis durfte ich den Zusammenschluss zweier junger Menschen erleben, deren Hochzeit durch die Familien arrangiert wurde. Die beiden passen nicht nur rein optisch hervorragend zusammen. Ihre Lebensziele sind die gleichen wie auch viele ihrer Interessen. Aber auch Werte und Moralvorstellungen decken sich fast eins zu eins. Sie waren von Anfang an ein gutes Team und in der Kennenlernphase sehr aufgeregt und neugierig aufeinander. Inzwischen sind sie schon mehrere Jahre verheiratet, haben zwei Kinder und sind nach wie vor ein glückliches Paar.

Eine arrangierte Ehe ist eine Möglichkeit, die man nicht von Anfang an verdammen sollte, nur weil sie nicht den verbreiteten romantischen Vorstellungen entspricht. Wenn Sie glücklich werden wollen, sollten Sie für die Möglichkeiten, die sich Ihnen bieten, offenbleiben und nicht in alte Muster zurückfallen, die Sie bisher nur auf Irrwege geführt haben.

Pragma und Storge – das Traumpaar der langen Liebe

Bei den Liebesstilen geht es vorrangig um Tendenzen. Das bedeutet, auch wenn Sie eher Eros, der romantische Typ, sind, so kann es durchaus sein, dass Pragma auch mitmischt. Oder Sie tendieren mehr zum altruistischen Liebesstil, werden aber regelmäßig von Mania überrannt. Im Laufe des Lebens kann sich die Tendenz zu einem bestimmten Liebesstil auch verändern. War in jungen Jahren Eros dominant, so können im fortgeschrittenen Alter Pragma oder Storge die Führung übernehmen.

Der Idealfall ist ein ausgewogenes Verhältnis zwischen Eros, Storge und Pragma, das natürlich in einer lebendigen Beziehung nicht erreicht werden kann und meines Erachtens auch nicht erstrebenswert ist. Die Regel ist, dass die Tendenzen schwanken und einmal mehr der eine oder andere Liebesstil dominiert. Trotzdem handelt es sich um eine erfüllte Liebe, solange Storge und Pragma präsent sind und Eros sich auch in einer langjährigen Beziehung immer wieder einmal blicken lässt.

Paarbeziehungen brauchen einen gewissen Pragmatismus, sonst können die Beteiligten in bestimmten Situationen emotional nicht überleben. Auch in den besten Beziehungen kommt es im Laufe der Zweisamkeit zu Verletzungen, meist sicherlich ungewollt. Dennoch hinterlassen sie Spuren. In solchen Situationen wägt der pragmatisch Denkende ab und hat das Gesamtbild des Menschen an seiner Seite vor Augen. So kann er die Schwächen, Ecken und Kanten des Partners gut tolerieren und fühlt sich auch nicht so schnell verletzt. Er konzentriert sich lieber auf die Aspekte der Zweisamkeit, die ihn mit dem Partner verbinden. Schließlich hat er sich ihretwegen gerade diesen Partner ausgesucht. Storge sorgt für das nötige Verständnis, wenn die Situation dann doch einmal aus dem Ruder gerät und zu emotionsgeladen wird.

Ein Beispiel dazu. Stellen Sie sich folgende Situation vor: Sie versuchen Ihren Partner im Büro anzurufen, weil Sie dringend seinen Rat in einer für Sie schwierigen Situation brauchen. Er ist aber nicht zu erreichen, weil er sich gerade in einer anderen Abteilung aufhält oder in einem Meeting sitzt. Fast schon verzweifelt wählen Sie immer wieder seine Nummer, bis er nach einer endlos scheinenden Stunde endlich den Hörer abnimmt. Aber zu diesem Zeitpunkt befinden Sie sich schon in einem emotionalen Ausnahmezustand. Statt Ihr Anliegen vorzubringen, machen Sie Ihrem Partner Vorwürfe, dass er nie zu erreichen sei, wenn Sie ihn brauchen. Wenn Storge in diesem Moment Funkstille hat, wird Ihr Partner sich angegriffen fühlen und ebenso emotional zurückschießen. Schlussendlich wird das Gespräch von beiden Seiten wütend beendet. Man kann sich vorstellen, wie die Stimmung sein wird, wenn Sie beide am Abend wieder aufeinandertreffen.

Ist aber Storge mit von der Partie, dann sieht das Szenario etwas entspannter aus. Ihr Partner wird Sie erst einmal ausreden lassen, auch wenn Sie aufgebracht sind. Er wird versuchen, die Situation zu analysieren, und erkennen, dass etwas für Sie sehr Beunruhigendes passiert sein muss, wenn Sie ihn so verzweifelt versucht haben anzurufen. Also wird er Ihnen genau das sagen und fragen, was passiert ist. Sie werden sich verstanden fühlen und dankbar sein, dass Ihr Partner so ruhig reagiert und Ihnen damit Verständnis signalisiert hat.

Pragma und Storge sehe ich vom Verstand dominiert, was tiefe Zuneigung in keiner Weise ausschließt, sondern im Gegenteil für eine verständnisvolle und harmonische Zweisamkeit sorgt. Nicht zuletzt, weil Sie Ihren Partner nach klaren Vorstellungen wählen und sich Zeit lassen, um einen Raum für eine gemeinsame Entwicklung hin zur Liebe zu schaffen.

WARUM ES SO LEICHT IST, SICH ZU VERLIEBEN, UND SO SCHWER, ZU LIEBEN

Verliebtheit und Liebe – auf den ersten Blick ein schwieriges Thema, weil es impliziert, dass man Liebe erklären kann. An dieser Frage scheiden sich aber die Geister. Die Liebe zu erklären, ist im Grunde auch gar nicht notwendig, sofern bei den Partnern ein paar grundsätzliche Eigenschaften vorhanden sind, um die wir uns in diesem Kapitel noch kümmern werden. Der Rest ist individuell gestaltbar und hängt im Wesentlichen davon ab, ob das Paar eine weitgehende Übereinstimmung in den Bereichen hat, die der Entwicklung der Liebe zuträglich sind. Auch das lässt sich im Vorfeld herausfinden, um dann eine bewusstere Entscheidung treffen zu können.

Wenn die Hormone Schlittschuh laufen – verliebter Irrsinn

Die meisten Menschen kennen das Gefühl des Verliebtseins – und genießen diesen Zustand: Kribbeln im Bauch, Energie zum Bäumeausreißen, unerschöpfliches Begehren und ein nicht enden wollendes Glücksgefühl. Das Leben scheint plötzlich voller Überraschungen zu sein. Und was ein normal arbeitendes Hirn als belanglos interpretiert, deuten die liebesverwirrten Hirnzellen als hinreißend, niedlich oder supersexy. Das Leben besteht aus Superlativen, nichts ist mehr banal. Selbst das laute Schnarchen des Angebeteten in der Nacht ist einfach nur süß. Wird die Verliebtheit erwidert, dann potenziert sich das Ganze. Aber wehe dem, dessen Verliebtheit nicht erwidert wird – ihm drohen Entzugserscheinungen und das damit verbundene Leiden bis hin zur Depression.

Verliebte Menschen sind für ihr Umfeld meist nur nervig, weil sie realitätsfremd durch ihr Leben stolpern und zu nichts Vernünftigem zu gebrauchen sind. Schon gar nicht für ein sachliches Gespräch. Es geht nur um die Eine oder den Einen. Natürlich freut man sich für das verliebte Paar und hat auch Verständnis für die Ausnahmesituation. Aber ehrlich, irgendwann geht es dann doch gehörig auf die Nerven, wenn das öffentliche Geknutsche kein Ende findet und jedes Wort des Angebeteten seziert wird, um es gut aufbereitet als Dopingladung an das verliebte Hirn zu schicken. Oder der stiere Blick des verliebten Mannes, der seine Mitmenschen nicht mehr wahrnimmt, weil der Gedanke an seine Angebetete seine Körpermitte zu ungeahnter Lebendigkeit erwachen lässt und nach Aktion drängt. Er fühlt sich großartig, männlich, stark und voller Tatendrang, meldet sich darum beim nächsten Marathon an, obwohl er sein ganzes Leben keinen Sport getrieben hat. Alles scheint möglich, es gibt für das verliebte Gehirn keine Grenzen, bis es von der Realität eingeholt wird. Aber bis dahin haben wir noch etwas Zeit. Nach etwa zwölf bis achtundvierzig Monaten normalisiert sich das ganze System wieder, oft begleitet von einer Katerstimmung. Aber diese Zeit reicht aus, um für Nachwuchs zu sorgen und ihn gemeinsam durch die besonders schutzbedürftigen ersten Jahre zu bringen. So ist es von der Natur vorgesehen. Die Körper drängen zueinander und wollen nichts anderes als sich vereinen. Alles zum Zwecke der Reproduktion. Ich weiß, das ist nicht sehr romantisch, aber die Natur geht nun mal pragmatisch und zielorientiert vor. Sie greift in die Trickkiste der Hormone, um unser Hirn in eine Art Trancezustand zu versetzen. Und dabei zeigt sie sich recht strategisch und effizient.

Abbildung 1

Genügsame Verliebtheit – mehr braucht sie nicht

Um sich zu verlieben, braucht es deshalb erst einmal nur ein paar wenige Faktoren (vgl. Abbildung 1). Später, bei der Liebe, sieht das Ganze dann etwas komplexer aus. Bleiben wir aber noch ein wenig bei der Verliebtheit, die uns scheinbar aus heiterem Himmel überfällt. Dabei spielt es keine Rolle, ob wir jemanden neu kennenlernen oder ob die betreffende Person schon lange zu unserem Freundeskreis zählt. Und hier sind wir an einem Punkt angekommen, der sich nicht greifen lässt: Warum wir uns ausgerechnet jetzt und in diese eine Person und nicht in jemand anderen verlieben, der die gleichen Kriterien erfüllt, bleibt ein Rätsel. Aber es gibt ein paar Hinweise.

Duftnoten

Bekanntermaßen verliebt sich nicht jeder in jeden, sonst wäre die ganze Menschheit ständig im Liebesrausch, mit den bekannten Konsequenzen. Vielmehr verlieben sich Menschen unter anderem dann ineinander, wenn sie unterschiedliche Immunsysteme aufweisen. Wir haben dafür eine untrügliche Nase, die uns bereits beim ersten Näherkommen signalisiert: Das ist der richtige Partner! Je ähnlicher die Immunsysteme, umso unwahrscheinlicher ist es, dass wir uns ineinander verlieben. Deshalb verlieben wir uns im Regelfall auch nicht in unsere Geschwister. Sie haben nämlich ein ähnliches Immunsystem wie wir selbst. Um aber die Chance auf gesunde und widerstandsfähige Nachkommen zu erhöhen, brauchen wir unterschiedliche Immunsysteme, die unterschiedliche Abwehrstoffe in sich tragen. Damit potenzieren sich im Nachwuchs die Abwehrkräfte und somit auch die Überlebenschancen. Clever eingerichtet von der Natur. Ist der Auserwählte dann noch mit einer Extraportion Testosteron gesegnet, was ihn männlicher erscheinen lässt – und damit in den Augen der Frau stärker und widerstandsfähiger –, dann geht es mit dem Verlieben recht problemlos, sofern sie auch seinem Beuteschema entspricht und nach Fruchtbarkeit duftet.

In dem Moment, in dem zwei Menschen voneinander »Witterung aufnehmen«, werden Signale an das Gehirn gesendet. Entweder gibt es dann ein Go: Immunsystem top! Oder ein No-go: Könnte mein Bruder, meine Schwester sein! Beim No-go wenden wir uns schlimmstenfalls angewidert vom anderen ab. Beim Go aber scheint im Körper etwas zu explodieren. So fühlt es sich zumindest an. Und irgendwie ist dieser Eindruck auch gar nicht so falsch. Denn es explodiert tatsächlich etwas, nämlich bestimmte Hormone.

Eine wichtige Rolle spielt das Dopamin, auch als Glückshormon bezeichnet. Serotonin ist ebenfalls mit im Spiel – ein weiteres Glückshormon, das in der richtigen Dosis das Wohlbefinden steigert. Paradox ist allerdings, dass der Serotoninspiegel bei verliebten Menschen sinkt, ähnlich wie bei Menschen, die an einer Zwangsstörung leiden. Bei genauerer Betrachtung ergibt das aber durchaus Sinn. Zwar waschen wir uns, wenn wir verliebt sind, nicht ständig die Hände oder wiederholen immer und immer wieder die gleichen Handlungen, aber wir leiden unter Zwangsgedanken. Wir können an nichts anderes mehr denken als an den Menschen, in den wir verliebt sind, und wir verspüren den unwiderstehlichen Drang, ihn ständig zu berühren, zu küssen und mit ihm zu schlafen. Am Liebesrausch sind noch andere Substanzen in unserem Körper beteiligt, aber sie alle aufzuführen, würde hier zu weit führen. Im Grunde könnte man sagen, das Verhalten von Verliebten hat pathologische Züge, wäre Verliebtsein nicht ein allgemein anerkannter Zustand, der Teil unseres Lebens und unserer Natur ist, um die Fortpflanzung zu sichern. Der oder die Auserwählte muss nicht zwangsläufig der ideale Partner für den Rest des Lebens sein. Ist er oder sie es doch, dann ist das wunderbar, aber oftmals ist dies eben leider nicht der Fall, weil es außer einem kompatiblen Immunsystem nichts weiter gibt, was als Grundlage für eine lange und glückliche Partnerschaft dienen könnte.

An dieser Stelle sollte noch geklärt werden, dass sich die meisten Immunsysteme zumindest so weit voneinander unterscheiden, dass eventueller Nachwuchs lebensfähig wäre. Dies gilt nicht bei Familienangehörigen.

Das hört sich alles etwas hoffnungslos an. Man könnte meinen, wir sind unseren Hormonen ausgeliefert und hätten demnach keine Wahl. Ganz so schlimm ist es nicht. Wir haben die Sache trotzdem in der Hand und können entscheiden, wen wir lieben wollen, auch wenn die Hormone uns gerne einen Streich spielen. Aber schauen wir uns die Faktoren der wechselseitigen Anziehung erst noch etwas näher an, um verstehen zu können, welche Mechanismen noch im Spiel sind, wenn wir uns in jemanden verlieben. Nur wenn wir die Zusammenhänge kennen, finden wir auch Möglichkeiten der Einflussnahme.

Attraktivität und Ähnlichkeit

Was dem einen die graue Maus, ist dem anderen eine Prinzessin. Welche Menschen wir als attraktiv empfinden, ist kein Zufall, sondern hat etwas mit Einflüssen aus unserer Biografie zu tun. Wir finden tatsächlich gerade die Menschen besonders attraktiv, die uns im Aussehen ähnlich sind oder dem gegengeschlechtlichen Elternteil ähneln, sofern die Beziehung zu ihm liebevoll war. Angeblich wählen 80 Prozent der Menschen ihren Partner auf der Basis der Ähnlichkeit mit dem gegengeschlechtlichen Elternteil. Und angeblich sind die Chancen, uns in eine Person zu verlieben, relativ hoch, wenn sie einer Person ähnelt, die wir früher einmal geliebt haben. Vertrautes macht attraktiv, weil wir uns damit sicher fühlen. »Der sieht aus wie mein Vater, dann muss er ein netter Kerl sein.«

Nein, muss er nicht. Die Chancen stehen 50 : 50. Das Fatale an der Sache ist, dass wir in der Phase der Verliebtheit etwas in unser Gegenüber hineininterpretieren, das wir gerne sehen möchten, anstatt wahrzunehmen, wie er oder sie tatsächlich ist. Sind wir uns dieser Tatsache bewusst, können wir unser Augenmerk auf das lenken, was tatsächlich vorhanden ist, und uns Gedanken machen, ob es als Basis für eine langfristige Liebesbeziehung ausreicht. In dieser Frage sind die Einschätzungen von Freunden oftmals sehr hilfreich. Sie sehen das Ganze etwas nüchterner und können deshalb besser beurteilen, ob die neue Flamme für eine langfristige Zweisamkeit taugt. Nutzen Sie diese Ressource, auch wenn Ihr Herz trotzig dagegenhält. Im Falle der Verliebtheit ist es kein guter Ratgeber.

Adrenalin macht sexy

Wir fühlen uns zu Menschen hingezogen, die mit uns eine brenzlige Situation bewältigen oder ein Abenteuer teilen. Nach dem Motto »Gemeinsam sind wir stark« fühlen wir uns bei diesen Menschen angenommen, verstanden und sicher. Diese Annahme haben die amerikanischen Psychologen Art Aron und Donald Dutton in den 1970er-Jahren mit einem Brückenexperiment zu beweisen versucht.

Sie ließen Männer über eine sehr wacklige Hängebrücke gehen, die recht gefährlich aussah. Ungefähr auf der Mitte der Brücke wartete eine attraktive Frau, die eine Liste mit Fragen für den Probanden bereithielt, die er auf der schwankenden Brücke beantworten sollte. Es ging bei diesen Fragen um Kreativität an schönen Orten. Die Männer sollten sich unter anderem eine kleine Geschichte zu einem Bild ausdenken. Am Ende gab die Frau ihnen ihre Telefonnummer und forderte sie auf anzurufen, falls sie noch Fragen hätten. Die Männer gaben an, dass sie die Brücke als riskant empfanden und aufgeregt waren.

Das gleiche Experiment wurde auf einer stabilen Brücke wiederholt. Auch hier durften Probanden die Fragen einer attraktiven Frau beantworten, und auch von ihr bekamen sie eine Telefonnummer für Rückfragen. Allerdings waren diese Männer nicht aufgeregt oder ängstlich.

Bei der Auswertung stellte sich heraus, dass die Männer auf der schwankenden Brücke die Interviewerin viermal häufiger anriefen als die Männer, die auf der stabilen Brücke gewesen waren. Darüber hinaus waren die Kurzgeschichten der Probanden auf der wackligen Brücke weit romantischer und erotischer verfasst. Bei der Wiederholung des Experiments mit Frauen als Probandinnen ergab sich das gleiche Ergebnis.

Die Vorannahme der Forscher hatte sich damit bestätigt: Menschen verlieben sich leichter, wenn sie sich in angsterregenden Situationen befinden. Das wäre doch wirklich ein handfester Hinweis, wie man einer eingefahrenen Beziehung wieder einen Aufwärtskick verpassen kann oder einen potenziellen Partner in sich verliebt macht. Dazu braucht es nicht unbedingt eine Hängebrücke, es kann auch eine Ballonfahrt sein oder ein Fallschirmsprung aus luftiger Höhe. Was auch immer, Hauptsache, es fließt Adrenalin.

Was die Liebe zum Wachsen braucht

Es braucht also nicht viel, um sich zu verlieben. Ganz anders sieht es mit der Liebe aus. Um sie hervorzulocken und ihr einen dauerhaften Nistplatz zu schaffen, braucht es aufeinander abgestimmte Zutaten in der richtigen Dosis (vgl. Abbildung 2).

Ganz besonders braucht man Humor und die Fähigkeit, sich auf die positiven Aspekte der Beziehung zu konzentrieren. Das funktioniert hervorragend in der Phase der Verliebtheit, und das ganz ohne unser Zutun. Aber ist diese Phase vorbei, stellt sich sehr schnell heraus, ob wir eher auf das vermeintlich Negative fokussiert sind oder die Gabe haben, dem Positiven mehr Raum zu geben. Das ist vorrangig eine Entscheidung, die wir treffen können. Niemand sagt uns, dass wir uns auf das Negative konzentrieren sollen. Allerdings fällt uns die Entscheidung für die angenehmen Seiten unseres Partners leichter, wenn Gleichklang herrscht, wenn es also viele Gemeinsamkeiten gibt. Wie auch bei der Verliebtheit müssen wir den anderen aber riechen können und ihn attraktiv finden. Alle Gemeinsamkeiten und jeglicher Gleichklang verlieren ihren Reiz, wenn wir unser Gegenüber nicht gerne anschauen, weil es nicht unserem persönlichen Empfinden von Ästhetik entspricht. Bestenfalls kann sich dann eine gute Freundschaft entwickeln, für mehr wird es aber leider nicht reichen.

Abbildung 2 Wachstumsfaktoren für die Liebe – wo wir uns ähnlich sein sollten

Der Faktor Zeit

Die Liebe braucht Zeit, um sich zu entwickeln. Wer glaubt, keine Zeit zu haben, für den wird es schwierig werden, eine gemeinsame Basis für die Liebe zu finden. Sie erreicht nämlich ihre größte Tiefe über einen langen Zeitraum der Gemeinsamkeit, weil sie sich aus gemeinsamen Erlebnissen und einer lebendigen Beziehung nährt. Im Laufe der Zeit kennt man sich in allen Facetten des Lebens, was zudem eine einmalige Vertrautheit schafft.

In unserer schnell getakteten Lebensweise sind Geduld und Ausdauer keine Eigenschaften mehr, die erstrebenswert erscheinen. Es wird in atemberaubender Geschwindigkeit konsumiert, egal, ob es uns bekommt oder nicht. Im Zweifelsfall wird alles wieder ausgekotzt. Auch die Liebe versuchen wir diesem Diktat zu unterwerfen. Wir suchen in hoher Geschwindigkeit nach der Liebe und glauben, sie in der Verliebtheit zu finden. Es muss einfach, schnell und ohne Mühe gehen, sonst kann es keine Liebe sein. Ein großer Irrtum, dem viele aufsitzen, und ebenso viele halten daran fest, obwohl diese Einstellung meist nicht von Erfolg gekrönt ist. Doch die Hoffnung stirbt bekanntlich zuletzt. Hat es dann wieder einmal nicht funktioniert mit der vermeintlich großen Liebe, ist die Trauer groß. Oder man verliert sich in Selbstmitleid: »Bei mir wird es einfach nie was mit der Liebe!«

Tatsächlich aber hat man der Liebe nicht die Geduld und Zeit gewährt, die sie benötigt. Man hat ihr nicht die Wertschätzung und Aufmerksamkeit entgegengebracht, ihr nicht genügend Raum zur Entfaltung gegeben. Stattdessen hat man ihre kleine, laute und sprunghafte Schwester, die Verliebtheit, vergöttert und ist ihr auch dann noch hinterhergelaufen, als sie schon längst über alle Berge war. Im Grunde ist es tragisch, dass das Stille keine Beachtung findet, sondern nur das Laute, das mit Getöse in unser Leben einbricht. Die Liebe ist aber ein stilles Wesen, das nicht aufdringlich ist, sondern vorsichtig anklopft und geduldig wartet, bis geöffnet wird. Wir sind ihre Gastgeber. Schaffen wir es, ihr einen angenehmen Aufenthalt zu ermöglichen, widmen wir ihr viel Zeit und erkennen wir ihre Bedürfnisse, dann bleibt sie auch gerne bei uns.

Wir sind uns einig – weitgehende Übereinstimmung im Denken und Handeln

Unser Handeln ist das Ergebnis eines Denkprozesses. Der Denkprozess ist das Ergebnis unserer Erfahrungen und unseres Wissens, und er ist auch ein bisschen von unserer genetischen Disposition abhängig.

Grob gesagt, gibt es zwei Arten zu denken: die analytische und die intuitive Denkweise. Analytisch denkende Menschen sind meist lösungsorientiert und gehen Dinge systematisch an. Sie sind in ihrem Handeln sehr bewusst, weil sie logische Verbindungen herstellen. Intuitiv denkende Menschen lassen sich von dem sogenannten Bauchgefühl leiten. Sie können dann auch nicht wirklich erklären, warum sie in bestimmten Situationen so und nicht anders gehandelt haben.

Man könnte sagen, die analytischen Denker sind eher besonnen und durchdenken alles ganz genau, bevor sie eine Entscheidung treffen. Der Vorteil ist hier, dass es weniger häufig zu Fehlentscheidungen kommt. Nachteilig wird diese Art zu denken allerdings in Situationen, die ein schnelles Handeln erfordern. Da kann es passieren, dass eine schnelle Reaktion unterbleibt, weil keine greifbaren Entscheidungsgrundlagen zur Verfügung stehen. Oder weil die Zeit fehlt, sich in gewohnt analytischer Weise welche zu erschließen. Bis dann eine Reaktion erfolgt, ist das Kind oft sprichwörtlich schon in den Brunnen gefallen. Manchmal ist eine nicht durchdachte Reaktion besser als keine Reaktion. Ein Extrembeispiel hierzu wäre, wenn ein verletzter Mensch Hilfe braucht und schnelle Hilfe nicht erfolgt, weil man erst die Situation analysieren muss, um herauszufinden, ob man das nötige Wissen hat, um helfen zu können (etwa eine blutende Wunde zu versorgen), oder ob es nicht besser wäre, den Notarzt zu rufen, um ihm die Angelegenheit zu überlassen.

Die intuitiven Denker sind eher die Schnellschießer. Sie reagieren meist aus dem Bauch heraus. Um bei unserem Beispiel zu bleiben, binden sie erst die blutende Wunde ab und rufen dann den Notarzt, weil sie intuitiv begreifen, dass der Verletzte sonst verbluten könnte. Andererseits sind schnelle Entscheidungen auch der Nährboden für Fehlentscheidungen, die später unter Umständen bitter bereut werden.

Klassische analytisch denkende Menschen sind sicher unter den Naturwissenschaftlern zu finden. Die intuitiv denkenden Menschen finden sich vermehrt unter den Künstlern oder in sozialen Berufen.

Große Übereinstimmungen gibt es zwischen den beiden Denkweisen nicht. Vielleicht gibt es die eine oder andere Überschneidung in bestimmten Verhaltensweisen. Oder man ist fasziniert vom andersdenkenden Gegenüber. Aber trotzdem bieten unterschiedliche Arten zu denken ordentlich Zündstoff für Konflikte. Ein Analytiker sieht nun mal die Welt anders als ein intuitiv denkender Mensch. Es braucht viel Verständnis und Toleranz, um diese unterschiedlichen Denkansätze in einer Beziehung zu akzeptieren. Besser ist es, wenn beide Partner eine ähnliche Art zu denken aufweisen. Dann fühlt man sich verstanden und in der Beziehung gut aufgehoben.

Ernestine und Ludwig sind seit drei Jahren ein Paar. Sie haben sich beim Schwimmen im Verein kennengelernt und teilen nach wie vor ihre Leidenschaft für das Wasser. Sie arbeitet als Krankenschwester, er ist selbstständiger Ingenieur mit einem straffen Zeitplan.

Ludwig beschreibt das Problem, das beide haben, klar und deutlich: In seinen Augen agiert Ernestine plan- und ziellos. Ihre Gedanken empfindet er oft als nicht nachvollziehbar und wirr, weil nicht logisch. Er kann auch ihre Klagen bezüglich seiner knappen Zeitkapazitäten für die Beziehung nicht verstehen, zumal sie von Anfang an wusste, wie wichtig ihm sein Beruf ist.

Ernestine kann ihrerseits nicht verstehen, warum Ludwig so stur ist. Wieso bei ihm immer alles nach Plan laufen muss und er nicht einmal spontan sein kann und warum ihm die Arbeit wichtiger ist, als Zeit mit ihr zu verbringen. »Wenn man sich liebt, dann will man auch viel Zeit miteinander verbringen«, lautet ihre einfache Erklärung.

Beide fühlen sich missverstanden und vom anderen nicht wahrgenommen. Fordert einer die Erfüllung seiner Bedürfnisse ein, endet dies meist in Konflikten und Frust. Beide reden trefflich aneinander vorbei, obwohl sie oft das Gleiche meinen und wollen. Ich habe den Eindruck, dass mir zwei Menschen gegenübersitzen, die unterschiedliche Kommunikationskanäle benutzen. In mehreren Sitzungen haben beide gelernt, die Sprache des anderen zu verstehen. Zwar brachte das mehr Einsicht und Verständnis füreinander, aber die Art und Weise, wie jeder für sich die Realität wahrnimmt, ändert sich dadurch nicht und wird sich auch nicht ändern. Das kann gut gehen, wenn man für die Prioritäten des anderen die nötige Toleranz und Wertschätzung mitbringt, soweit dadurch die eigenen Bedürfnisse nicht hintanstehen müssen.

Bei Ernestine und Ludwig gibt es hoffnungsvolle Annäherungen. Die Aufgaben, die sie von mir mit nach Hause bekommen, setzen sie mit Freude um und entwickeln so immer mehr Verständnis für ihre unterschiedlichen Denkstile. Hilfreich ist, dass die beiden in anderen Bereichen eine hohe Übereinstimmung aufweisen. Ihre Herkunftsfamilien sind sich ähnlich. Beide besitzen die Fähigkeit, über sich selbst zu lachen, und sind mit ähnlichem Humor ausgestattet. Sie haben einen ähnlichen Bildungshintergrund und übereinstimmende Zukunftspläne. Auch was Freizeitbeschäftigungen betrifft, sind sie sich meistens einig, sofern es keine Konflikte wegen der zeitlichen Gestaltung gibt. Beide sind gerne in Gesellschaft und pflegen einen gemeinsamen Freundeskreis.

Bei so vielen Übereinstimmungen ist die Chance auf eine langfristige, von Liebe geprägte Beziehung sehr gut, weil sich mithilfe der Übereinstimmungen Differenzen in anderen Bereichen leichter tolerieren und überwinden lassen, ohne sich dabei zu verbiegen.

Ich mag dein Sein – Persönlichkeit

Dass es unterschiedliche Persönlichkeiten gibt, dürfte jedem klar sein. Und nach vorliegenden Studien sollten auch tatsächlich ähnlich strukturierte Persönlichkeiten besser zusammenpassen als unähnliche. Nun findet man aber neuere Studien, die das Gegenteil beweisen möchten. Demnach sei es nicht ausschlaggebend, ob man sich in der Persönlichkeitsstruktur ähnelt oder nicht, sondern welches Gewicht man Gemeinsamkeiten beziehungsweise Unterschieden beimisst.

Wenn zwei Menschen morgens gerne Rühreier essen, dann ist das erst einmal nichts Ungewöhnliches. Aber wenn sie dem eine größere Bedeutung zumessen, dann kann die Frühstücksgewohnheit eine Gemeinsamkeit sein, auf die sich das Paar mit Freuden stürzt, auch wenn sonst erst einmal nichts Gemeinsames zu finden ist und sie diese Vorliebe mit Millionen anderer Menschen teilen. Was im Umkehrschluss bedeuten würde, dass jeder andere Mensch als Partner genauso gut passen würde, sofern er gern Rühreier zum Frühstück verputzt.

Solche Gemeinsamkeiten lassen sich beliebig multiplizieren. Je mehr Gemeinsamkeiten wir aufweisen – egal, ob belanglos oder nicht –, umso mehr Grund haben wir, uns in unserem Gegenüber wiederzufinden, und umso mehr verlieben wir uns. Alleine die Wahrnehmung macht's also – und welche Bedeutung wir den Gemeinsamkeiten beimessen. Allerdings handelt es sich hier nicht wirklich um Persönlichkeitsstrukturen, sondern um Vorlieben und Abneigungen, die im Laufe des Lebens erworben wurden. Anders sieht es aus, wenn beispielsweise zwei Introvertierte oder Extravertierte zueinanderfinden. Dann handelt es sich um Persönlichkeitseigenschaften, die in der Grundstruktur dieser Menschen verankert und wenig veränderbar sind.

Im Zustand der Verliebtheit werden wir uns stark abweichende Persönlichkeitseigenschaften unseres Partners vielleicht schöndenken. Allerdings lässt diese Fähigkeit spürbar nach, sobald sich der Hormonspiegel wieder normalisiert hat und das verliebte Gehirn wieder klar denkt. Deshalb bin ich der Meinung, es ist besser, sich an die Fakten zu halten und mit wachem Verstand zu prüfen, ob die Persönlichkeitsstruktur des potenziellen Partners für ein gemeinsames, weitgehend liebevolles Leben taugt.

In meiner Arbeit mit Paaren konnte ich unter Partnern mit ähnlichen Persönlichkeiten oft bestimmte Rollenverteilungen beobachten.

Ein Ehepaar kommt regelmäßig zu mir in die Praxis – nennen wir ihn Helmut und sie Anita. Helmut ist sehr redselig und dominiert das Gespräch. Verlässt er aber den Raum, wird Anita plötzlich lebhaft, und die Worte purzeln nur so aus ihr heraus. In den weiteren Sitzungen wird klar, dass beide über eine ähnliche Lebhaftigkeit verfügen. Er ist aber eindeutig dominanter und setzt bestimmte Persönlichkeitszüge deshalb besser durch. Seine Partnerin passt sich entsprechend an. Wenn er allerdings nicht in unmittelbarer Nähe ist, lebt sie ihre unterdrückten Persönlichkeitsmerkmale aus. Für Anita ist das kein Problem, sie hat sich damit gut arrangiert und nicht das Gefühl, zu kurz zu kommen. Sie sieht die lebhafte Persönlichkeit ihres Partners als Bereicherung, weil es ihr mit ihm nie langweilig wird.

Grundsätzlich spielt hier auch der Gleichheitsgedanke eine Rolle. Er kann mitunter auch zum Problem werden. Solange aber der Blick beider Partner in die gleiche Richtung geht, die Lebensziele und Interessen sich ähneln und auch die Wertvorstellungen und solange man die Persönlichkeit des anderen als Bereicherung sieht, kann sich daraus eine tiefe Liebe entwickeln.

Eine intensivere Auseinandersetzung mit Persönlichkeiten und ihrer Kompatibilität finden Sie im Kapitel »Persönlichkeitskompatibilität – Big Five, Big Love?«

Wir wissen, wo es langgeht – Werte, Ziele und Interessen

Wenn *er* gerne reist und das Leben genießen möchte, ohne Zwänge und zu große Verantwortung, *sie* aber von Kindern und einem Häuschen im Grünen träumt, dann sollten die beiden lieber die Finger voneinander lassen. Eine Paarbeziehung wird im Fall einer solchen Konstellation sicher nicht gut gehen.

Um sich nahe zu sein, um eine enge Verbindung zum Partner aufzubauen, braucht es ähnliche Werte und Ziele. Gemeinsame Projekte sind ein starker Kitt für eine Beziehung und Ausdruck dessen, was dem Paar wichtig ist. Das kann ein soziales oder politisches Engagement sein, Vereinsarbeiten, Hausbau, Kinder und vieles andere mehr.

Egal, was es ist, wofür sie sich engagieren und wie ihre Einstellung zum Leben ist, wichtig ist, dass sie etwas miteinander teilen. Dabei hilft es nichts, wenn wir uns nur dem Partner zuliebe für etwas engagieren und unsere eigenen Werte und Ziele dafür hintanstellen. Am Ende fühlen wir uns frustriert, nicht wahrgenommen, und im schlimmsten Fall macht sich Sinnlosigkeit breit. Das ist kein guter Ansatz für die Liebe.

Ines und Stephan, ein junges Paar, das bereits seit fünf Jahren zusammenlebt, wird bei mir vorstellig. Ines beklagt Stephans Alleingänge. Sie spürt Distanz und Ablehnung, obwohl sie sehr bemüht ist, ihm alles recht zu machen. Stephan zeigt sich sehr unglücklich und kann nicht erklären, warum er sich von Ines abgewendet hat. Im Laufe des Gespräches erfahre ich von Ines und Stephan ihre unterschiedlichen Werte und Ziele in der Partnerschaft. Ines denkt ans Heiraten, an Kinder und ein gemeinsames Familienleben. Stephan hingegen fühlt sich damit vollkommen überfordert. Er hat viele Freunde, mit denen er sich regelmäßig trifft. Er fährt gerne Motorrad, treibt viel Sport und ist an mehreren Abenden in der Woche mit Freunden unterwegs, während Ines geduldig zu Hause auf ihn wartet. Sie zeigt Verständnis für seine Aktivitäten und hofft darauf, dass er sich irgendwann auf ihre Ziele konzentriert, die sie für gemeinsame Ziele hält. Nun aber fühlt sie sich von ihm immer mehr zurückgewiesen und nicht wahrgenommen. Sie fürchtet um ihre gemeinsame Zukunft und versucht, ihn mit noch mehr Verständnis zurückzugewinnen. Stephan fühlt sich dadurch eingeengt und hat zudem ein schlechtes Gewissen. Er weiß, wie sehr er Ines verletzt, weil er ihre Werte und Ziele nicht teilen kann. Doch um die Beziehung zu beenden, fehlt ihm der Mut. So befindet sich Ines ständig in einer unbefriedigenden Warteposition, und Stephan fühlt sich schuldig.

In den Sitzungen wird das deutlich, ebenso wie die Tatsache, dass eine Entscheidung getroffen werden muss. Am Ende sind beide erleichtert, als ihnen die unüberwindbaren Unterschiede klar werden und eine Trennung als gangbarer Weg erscheint, den sie am Ende auch gehen. Mit dieser Entscheidung bekommen beide eine neue Chance, sich einen Partner zu suchen, dessen Werte und Ziele mit den eigenen kompatibel sind. Eine gute Grundlage für eine glückliche Beziehung.

Wir wissen, wovon wir reden – Lebensereignisse, Biografie

Geteilte Freude ist doppelte Freude, und geteiltes Leid hat etwas Tröstliches. Gibt es zwischen den Partnern viele Parallelen und Gemeinsamkeiten in der Biografie, dann fällt es ihnen leichter, Verständnis für den anderen aufzubringen, ohne sich umständlich erklären zu müssen. Zudem wissen beide sehr schnell, wovon der andere redet.

Waren beispielsweise beide für ein paar Jahre im Ausland beschäftigt, sei es durch Studium oder Arbeit, dann mag es sicher Unterschiede geben, weil sie in unterschiedlichen Ländern gelebt haben, unter unterschiedlichen Voraussetzungen und Bedingungen. Aber gemeinsam haben sie die Lust, Neues zu entdecken. Die Neugierde auf andere Kulturen und eine gewisse Weltoffenheit. Es muss natürlich nicht gleich ein längerer Auslandsaufenthalt sein, es kann auch ein ähnlicher beruflicher Werdegang sein oder ein unkonventioneller Lebenswandel, der sich ähnelt. Wie auch eine ähnliche Passion, die das Leben beider Partner geprägt hat.

In meinem Freundeskreis gibt es ein Paar, das nun schon seit über 30 Jahren weitgehend glücklich miteinander verheiratet ist. Sicherlich haben sie Höhen und Tiefen erlebt, wie das nun mal bei Paaren üblich ist, die eine lange Zeit miteinander verbracht haben. Die beiden strahlen aber eine Verbundenheit aus, die für viele erstrebenswert erscheint. Dabei kleben sie nicht aneinander wie siamesische Zwillinge, sondern lassen sich den Freiraum, den jeder für sich braucht. Sie sind ein wunderbares Beispiel dafür, wie verbindend Ähnlichkeiten sind. Beide kommen aus der gleichen Region, beide hatten ein intaktes Elternhaus, und beide hatten auf ihren Reisen Erlebnisse, die sie gemeinsam noch einmal erleben wollten. Diesen Wunsch haben sie realisiert. Natürlich stimmen auch ihre Zukunftspläne überein, und Diskussionen werden nur darüber geführt, wann und wie sie umgesetzt werden. Meist sind diese Diskussionen auch produktiv und vom Gedanken des Konsens getragen.

Ein ähnliche Biografie, aber auch ähnliche Erlebnisse schaffen Verbundenheit. Wenn daraus die Grundlage für gemeinsame Erlebnisse geschaffen wird, ist das ein Dünger für die Liebe.

Ich weiß, woher du kommst und was das mit dir macht – die Rolle der Ursprungsfamilie

Viele Aspekte der Ursprungsfamilie sind prägend und spielen in der Paarbeziehung eine nicht unwesentliche Rolle. Wenn die eigene Herkunftsfamilie sich in Wertvorstellungen und Weltanschauung stark von derjenigen des Partners unterscheidet, kann das Probleme nach sich ziehen.

Ein Klassiker dürfte etwa sein, wenn Er aus einem selbstständigen Handwerksbetrieb stammt, den er irgendwann übernehmen soll. Die Mutter hat im Betrieb mitgearbeitet und sich um das Büro gekümmert. Die Gespräche drehten sich fast immer um die Firma. Persönliche Bedürfnisse wurden entweder nicht mehr wahrgenommen oder den Belangen des Familienunternehmens untergeordnet. Alle zogen an einem Strang, jeder war auf jeden angewiesen. Sie hingegen kommt aus einer Familie, in der die Mutter als Lehrerin arbeitete und der Vater als Beamter im gehobenen Dienst. Die Eltern haben ihre Freizeit genossen und viel Zeit mit den Kindern verbracht. Sie ist inzwischen ebenfalls Lehrerin und arbeitet 20 Stunden in der Woche. Den Rest der Zeit verbringt sie mit Vorbereitungen für den Unterricht oder Korrekturen von Klassenarbeiten. Sie genießt viel Freizeit und möchte diese auch mit ihrem Partner verbringen, so, wie sie es aus ihrer eigenen Familie kennt und auch als gut empfindet. Konflikte sind hier vorprogrammiert. Ganz besonders dann, wenn beide wenig Verständnis für die prägenden Werte des anderen aufbringen können.

Anders sieht es aus, wenn beide aus einem Handwerksbetrieb im Familienbesitz kommen. Gut vorstellbar, wie sich beide fast schon ohne Worte verstehen, die gleichen Ziele anvisieren und ähnliche Lebensentwürfe haben, die für beide selbstverständlich sind und keiner großen Diskussionen bedürfen.

Konrad kommt zu mir in die Praxis, weil er einen Rat sucht, um das Verhalten seiner Partnerin besser verstehen zu können. Die beiden sind bereits seit vier Jahren ein Paar. Von Anfang an gab es Konflikte, deren Beginn und Verlauf für Konrad nicht nachvollziehbar ist. Er berichtet von starken emotionalen Schwankungen und cholerischen Anfällen bis hin zu scheinbar grundlosen Beschimpfungen seiner Partnerin, die er fast täglich über sich ergehen lassen muss. Ihr Verhalten macht ihn fassungslos. Er hat keine Worte, um sie zu beruhigen oder in die Schranken zu weisen. So lässt er alles über sich ergehen und versucht dabei ruhig und sachlich zu bleiben. Er berichtet über die facettenreiche Persönlichkeit seiner Partnerin und von einer sehr liebenswerten Seite, ohne die er sie schon längst verlassen hätte.

Als ich nach ihrer Herkunftsfamilie frage, erfahre ich, dass seine Partnerin als Kind vernachlässigt, gedemütigt und oft geschlagen wurde. Als Jugendliche verbrachte sie zwei Jahre in einem Heim, weil die Eltern sich mit ihrer rebellischen Art überfordert fühlten. Konrad hingegen kommt aus einer intakten Familie und erfuhr viel Fürsorge. Seine soziale Kompetenz ist ausgereift und seine Empathiefähigkeit sehr ausgeprägt.

Er wünscht sich mehr Stabilität und Selbstbeherrschung von seiner Partnerin, weil inzwischen auch die gemeinsame dreijährige Tochter unter den Stimmungsschwankungen der Mutter leidet. Konrad klagt, er sei am Ende seiner Kräfte und mache sich große Sorgen. Er wisse nicht, wie es weitergehen solle.

Solche Konstellationen sind äußerst problematisch. Konrad wird von seiner Partnerin keine liebevolle Zuneigung erwarten können und auch keine Stabilität, weil sie diese Eigenschaften nicht in sich trägt und erst mühsam erlernen müsste. Auch Konrad kann seiner Partnerin nicht geben, was sie bräuchte, weil er das seelische Loch, das ihre defizitäre Kindheit bei ihr hinterließ, niemals füllen kann.

Ich sah für die beiden letztlich nur dann eine Chance, wenn sie gemeinsam eine Paartherapie machten und Konrads Partnerin zusätzlich eine Einzeltherapie, in der sie ihre schwierige Kindheit aufarbeitete. Ein langer und steiniger Weg ohne Garantie für ein Happy End.

Deine Sprache ist auch meine Sprache – sozialer Status und Milieu

Das soziale Milieu, das uns umgibt, hat in den meisten Fällen sehr viel mit unserer Herkunftsfamilie zu tun. Das, was wir seit unserer Kindheit kennen, was uns vertraut ist, prägt auch unser Gehirn. Auch dann noch, wenn altbekannte Gewohnheiten oder Muster uns eigentlich gar nicht guttun. Deshalb bleiben wir meist dem sozialen Umfeld verhaftet, aus dem wir kommen. Das mag gut und erstrebenswert sein, wenn es sich um ein intaktes Umfeld handelt, das uns Stabilität und Sicherheit gibt, aber zugleich auch viel Raum für persönliche Entwicklung bietet. Anders sieht es aus, wenn das Umfeld sich schädlich auf unsere Psyche und auf unsere körperliche Unversehrtheit auswirkt.

Wer sich in einem sozialen Umfeld bewegt, das sich am Rande der Gesellschaft befindet, wird im Allgemeinen keine gesellschaftliche Anerkennung genießen. Man kann davon ausgehen, dass die Realität eines solchen Menschen anders aussieht, als das in einem intakten Umfeld der Fall wäre. Naturgemäß wird auch die Sicht auf das Leben eine andere sein.

Wenn sich zwei Menschen aus komplett unterschiedlichem sozialen Umfeld finden, ist die Beziehung meist nur von kurzer Dauer, weil ihre Lebensziele, ihre Einstellung, ihre Bedürfnisse und ihre Art zu lieben nur wenige Gemeinsamkeiten aufweisen. Und selbst wenn beide die gleiche Sprache sprechen, werden sie trotzdem nicht verstehen, was der jeweils andere zum Ausdruck bringen möchte. Im Allgemeinen bleiben Menschen deshalb unter ihresgleichen, wechseln nur selten das Milieu und wählen den Partner aus dem eigenen Umfeld und mit ähnlichem sozialen Status. Das ergibt auch Sinn, weil die Chance, sich zu verstehen, mit der Ähnlichkeit der Prägung wächst.

Annemarie ist seit 16 Monaten mit Viktor zusammen. Sie berichtet, wie sehr sie seine Männlichkeit und Coolness bewunderte. Sie hat das Gefühl, dass ihn so schnell nichts umwerfen könne. Er sei wie eine Maschine, die rund um die Uhr zuverlässig funktioniert, egal, welche Anforderungen an ihn gestellt werden. Inzwischen sieht sie ihn aber differenzierter. Er sei wenig präsent in der Beziehung zu ihr und stelle seine Bedürfnisse in den Vordergrund. Sie habe das Gefühl, er lebe sein Leben, als ob sie nicht existieren würde.

Viktor entgegnet, er verstehe nicht, was ihr Problem sei. Sie habe von Anfang an gewusst, wie wichtig ihm sein Unternehmen sei und dass er deshalb weder Zeit noch Nerven für ihre Ansprüche habe. Er versichert, dass er eine tiefe Zuneigung zu ihr empfinde und deshalb daran interessiert sei, ihr zu helfen, damit sie sich wieder besser fühlt. Deshalb sei er auch mitgekommen.

Im längeren Verlauf der Sitzung erfahre ich, in welchem Umfeld beide jeweils aufgewachsen sind und welchen Einfluss es auf ihr unterschiedliches Verständnis von Partnerschaft hat.

Annemarie kommt aus einem wohlbehüteten und umsorgenden Elternhaus. Es gab viel Nähe, Liebe und Geborgenheit für sie und ihren älteren Bruder. Sie lebten auf dem Land mit intaktem sozialen Umfeld. Der Vater war als selbstständiger Landschaftsarchitekt tätig, und die Mutter kümmerte sich neben dem Haushalt um die Büroarbeit des Familienbetriebes. Annemarie konnte ihre Talente entfalten und erhielt entsprechende Unterstützung von den Eltern.

Viktor hingegen wuchs in einer Großstadt auf. Das soziale Umfeld, in dem er groß geworden ist, war von Gewalt geprägt. Schlägereien waren in der Schule die Regel. Der Vater führte ein strenges Regiment und erwartete von seinen vier Söhnen, dass sie sich im Leben behaupten, wenn nötig mit Fäusten. Seine Mutter hatte sich dem Vater unterzuordnen. Das Familienleben war von männlicher Dominanz des Vaters geprägt. Viktors Vater arbeitete viel und hart. So schaffte er es als nicht gelernter Arbeiter, der Familie einen bescheidenen Wohlstand zu ermöglichen.

Es sind zwei Welten mit unterschiedlichen Wertesystemen, die hier aufeinanderprallen. Die Welt des jeweils anderen ist ihnen fremd und nicht zugänglich. In zwei weiteren Sitzungen wurde sehr schnell klar, dass hier kein Weg zueinanderführt. Viel zu unterschiedlich waren ihre Lebensentwürfe und das, was sie unter einer Beziehung verstanden.

Du bist mir vertraut – kulturelles Umfeld

Lernen wir einen Menschen aus dem gleichen kulturellen Umfeld kennen, dem wir selbst entstammen, dann ist er uns schneller vertraut als ein Mensch aus einer anderen Kultur. Das liegt in der Natur der Sache, weil wir nicht erst umständlich erklären müssen, warum wir gewisse Regeln und Traditionen gut finden und unser Leben danach ausrichten. Jede Kultur mit ihren Werten, Regeln und Traditionen gibt den Menschen, die in ihr groß geworden sind, eine Art Sicherheit, ein Gefühl der Zugehörigkeit und einen Rahmen, in dem wir uns selbstverständlich bewegen. In der Regel sind wir stolz auf unsere Kultur und freuen uns, wenn wir sie Interessierten aus anderen Kulturkreisen präsentieren können. Das tun wir meist selbstsicher und überzeugt. Die schönste Form, dies zu tun, ist sicherlich die Gastfreundschaft. Sobald wir uns aber selbst in einer fremden Kultur befinden, ist es vorbei mit der Selbstsicherheit. Auch wenn wir uns schlaugemacht haben und glauben, die Riten und Gebräuche der fremden Kultur zu kennen, verletzen wir, ohne es zu wissen und zu wollen, kulturelle Regeln, weil wir kein Gefühl für die Zwischentöne haben und uns viele Werte schlicht fremd sind.

Nun leben wir in einer globalisierten Welt, und deshalb kommt es inzwischen recht häufig vor, dass sich Menschen aus unterschiedlichen Kulturen zusammentun. Aber auch hier sind ähnliche Wert- und Zukunftsvorstellungen wichtig, damit es funktioniert mit der binationalen Zweisamkeit. Toleranz, Akzeptanz und Wertschätzung sind hier in besonderem Maße gefragt.

Sich verstanden zu fühlen, setzt eine gemeinsame Sprache voraus. Selbst wenn man die Sprache des Partners beherrscht, bedeutet das noch lange nicht, dass man versteht, was er zum Ausdruck bringen möchte. Die Auseinandersetzung mit der Kultur des anderen ist deshalb unabdingbar, um sein Verhalten zu verstehen. Auch muss alltägliches Verhalten, das uns selbstverständlich erscheint, hinterfragt werden, weil es für den Partner möglicherweise nicht tragbar ist.

Dass dies funktionieren kann, zeigt eine Erfolgsgeschichte aus meinem Freundeskreis:

Manuela hat ihren Partner José auf einem Salsafestival kennengelernt. Der Kubaner war erst seit ein paar Wochen in Deutschland und noch damit beschäftigt, alle neuen Eindrücke einer ihm fremden Kultur zu verarbeiten. José sprach weder Deutsch noch Englisch, und Manuela konnte nur ein paar Worte Spanisch. Die Verständigung lief über das Tanzen und über die Körpersprache.

Im Laufe des Kennenlernens vertiefte Manuela ihre Spanischkenntnisse, und José lernte Deutsch. Die Verständigung wurde immer besser, und mit ihr wuchs auch die Zuneigung der beiden. Nach fast einem Jahr waren sie dann auch ein Paar und kurze Zeit darauf verheiratet.

Das klingt wie ein Märchen, aber ganz so einfach war es dann doch nicht. Es gab vieles zu klären und zu regeln.

Manuela war beispielsweise beruflich sehr engagiert und hatte wenig Zeit, sich um den Haushalt zu kümmern. José hatte hingegen viel Zeit, weil er noch keine Arbeit gefunden hatte. Aber er dachte anfangs nicht daran, sich für den Haushalt verantwortlich zu fühlen. Schließlich war er der Mann, und Männer kümmern sich nicht um den Haushalt, so sein Verständnis. Manuelas Engelsgeduld war es zu verdanken, dass José irgendwann doch zum Putzlappen griff und am Ende sogar das Kochen übernahm. Auch wenn er klarstellte, dass er das auf Kuba nicht machen würde.

Es galt viele Unterschiedlichkeiten vergleichbarer Art zu klären, zu überwinden und zu tolerieren. Manuela arrangierte sich mit Josés kubanischer Unbekümmertheit und seiner Gabe, den Tag so zu nehmen, wie er ist, ohne auch nur den Versuch zu machen, ihn durchzuplanen. José seinerseits passte sich ebenfalls an, obwohl vieles an Manuelas Lebensweise nicht seinem kulturellen Verständnis entspricht. Beide haben zudem die Gabe, die positiven Eigenschaften des jeweils anderen in den Fokus zu stellen und das, was weniger gut passt, mit Gelassenheit und Humor zu akzeptieren.

Inzwischen sind sie seit fünf Jahren verheiratet. Beide strahlen eine harmonische Zweisamkeit aus, und man kann sehen, dass sie sich in der Beziehung wohlfühlen. Manuela sagt über José: »Mein Liebe zu José ist gewachsen, obwohl ich nicht sagen kann, ob er nicht doch eines Tages nach Kuba zurückgehen wird. Ich bin glücklich über das, was wir jetzt zusammen leben können.« Und José sagt über Manuela: »Ich hatte Glück, dass sie mir begegnet ist. Manuela ist eine geduldige Partnerin. Ich liebe sie, und ich hoffe, dass wir beide zusammenbleiben.«

Wir wissen, wie man's macht – Problemlösungsstrategien und Belastbarkeit

Probleme können auf unterschiedliche Art und Weise gelöst werden. Es gibt die Analytiker, die das Problem erforschen, um dann die geeignete Strategie zur Lösung des Problems zu finden. Dann gibt es Menschen, die eine Sache einfach aussitzen und hoffen, dass sich das Problem von alleine löst. Andere verfallen in blinden Aktionismus und verlieren sich dabei in Nebenkriegsschauplätzen. Wieder andere lassen Probleme von Dritten lösen. Manche wiederum neigen dazu, dem Problem einfach eine andere Bedeutung zu geben: »Ist doch gar nicht so schlimm.« Gelassene tendieren dazu, Probleme langsam und mit Ruhe anzugehen. Und die ganz Cleveren bedienen sich eines Potpourris an Strategien. Denn manchmal ist es beispielsweise gut, eine Sache auszusitzen, aber ein andermal braucht es Sachverstand, um ein Problem zu lösen. Meist favorisieren wir eine bestimmte Problemlösungsstrategie, auch wenn wir in der Lage sind, verschiedene Strategien einzusetzen.

Stellen Sie sich nun vor, wie es aussehen mag, wenn ein Paar tendenziell in blinden Aktionismus verfällt, sobald ein Problem auftaucht. Gut vorstellbar, dass die beiden mehr Probleme generieren, als sie tatsächlich lösen. Das kann eine lebensfüllende Beschäftigung werden, die jede Menge Frustrationen und Schuldzuweisungen nach sich zieht. Weniger problematisch ist es, wenn beispielsweise blinder Aktionismus eines Partners auf Gelassenheit beim anderen Partner trifft. Der Aktionist verbreitet planlose Hektik, und der Gelassene bringt wieder Ruhe in das System. So profitieren beide. Der Gelassene wird aktiv, und der Aktionist beruhigt sich. Denken hingegen in Sachen Problemlösung beide Partner nur in eine Richtung, dann verstärken sie sich gegenseitig. Das kann bisweilen im Desaster enden. Da sich Probleme im Leben nicht vermeiden lassen und eine gewisse Belastbarkeit fordern, spielt das Thema »Probleme lösen« für Paare eine gewichtige Rolle – besonders dann, wenn es sich um Probleme handelt, die die Partnerschaft betreffen. Ist nur ein Partner gewillt, an der Lösung der gemeinsamen Probleme zu arbeiten, während der andere die Sache aussitzt, dann entsteht ein Ungleichgewicht. Der aktive Partner fühlt sich alleine gelassen und vielleicht auch nicht ernst genommen. Das Lösen von Problemen in einer Beziehung fordert deshalb von beiden auch eine Akzeptanz der unterschiedlichen Herangehensweisen.

Mia und Julian kamen zu mir in die Beratung weil sie bei Problemstellungen nur selten einer Meinung sind. Mia trifft ihre Entscheidungen aus dem Bauch heraus, weil sie damit meist gute Erfahrungen gemacht hat. Julian hingegen braucht Zeit, um die, wie er sagt, bestmögliche Lösung zu finden.

Die unterschiedliche Herangehensweise führt zunehmend zu Konflikten bei den beiden, was die Beziehung insgesamt sehr belastet. Julian fühlt sich von Mias Schnellschüssen überrumpelt und ist der Meinung, dass dabei zu viele Fehler passieren, die später wieder neue Probleme generieren. Mia glaubt, Probleme sollten schnell gelöst werden, weil sie sonst den alltäglichen Umgang miteinander erschweren. Julians Art an die Dinge heranzugehen, dauert ihr zu lange. Sie will solche Sachen einfach schnell vom Tisch haben.

In den folgenden Sitzungen gelingt es, die unterschiedlichen Stärken von Mias und Julians Problemlösungsstrategien herauszuarbeiten. Rollenspiele, in denen aktuelle Probleme aufgegriffen und mit ihren unterschiedlichen Herangehensweisen gelöst werden, veranschaulichen ihnen, wie sie in Zukunft Synergien beim Lösen ihrer Probleme entwickeln können.

Dabei sind folgende Schritte für die beiden sehr hilfreich:

1. **Beschreibung des Problems**
   Dieser Punkt ist wichtig, weil möglicherweise ein Problem, das beide betrifft, unterschiedlich wahrgenommen wird. Beide sind aufgefordert, bei sich und ihren Gefühlen zu bleiben, ohne dem anderen die Schuld zu geben.

2. **Gemeinsam Lösungen finden**
   In der weiteren Vorgehensweise werden Lösungsvorschläge gesammelt. Jeder darf so viele Vorschläge einbringen, wie ihm einfallen. Dabei wird weder bewertet noch kritisiert, sondern nur zugehört und aufgenommen.

3. **Über Lösungsvorschläge diskutieren**
   An dieser Stelle werden die Vorschläge dahingehend bewertet, ob sie das Problem langfristig lösen, für beide tragbar sind und welche Konsequenzen sie nach sich ziehen.

4. **Eine Entscheidung treffen**
   Ist der Punkt 3 abgearbeitet, dann sollte es möglich sein, eine Entscheidung zu treffen, mit der beide zufrieden sein können. An dieser Stelle sollte auch geklärt werden, wann das Ganze umgesetzt wird und wer was bis wann dafür zu tun hat.

5. **Die Entscheidung umsetzen**
   Beide sollten sich darüber im Klaren sein, dass sie sich an ihre Abmachungen halten müssen. Damit bringen sie der Beziehung die erforderliche Wertschätzung entgegen. Gegenseitige Unterstützung ist dabei gewünscht.

Wir kennen uns aus – Bildungsstand

Wir suchen uns intuitiv Menschen, die über ein ähnliches Bildungsniveau verfügen wie wir selbst. Das ergibt auch durchaus Sinn, weil wir uns dann besser verstanden fühlen. Einen Menschen mit niedrigem Bildungsniveau beschäftigen andere Themen als einen Menschen mit hohem Bildungsniveau. Dazwischen gibt es viele Stufen und Spezialisierungen. Ein Mensch ohne Hochschulreife muss nicht zwangsläufig einen niedrigen Bildungsstand haben, sofern er einen wachen Verstand hat und sich weiterbildet. Ein Akademiker muss umgekehrt nicht zwangsläufig ein gebildeter Mensch sein, auch wenn er in seiner Berufssparte ein Experte ist. Dennoch fühlen sich Akademiker wohler unter Akademikern und Arbeiter unter Arbeitern. Man ist unter sich und hat das Gefühl, die gleiche Sprache zu sprechen.

Helene und Toni haben sich bei einem Straßenfest kennengelernt. Helene ist sehr angetan von Tonis Direktheit und Ehrlichkeit, die ihm dank seines Charmes niemand übel nimmt. Für Helene strahlt Toni Unerschrockenheit und Stärke aus.

Toni hält sich mit Gelegenheitsjobs über Wasser. Er verbringt auch mal ein paar Monate im Ausland, wenn es ihm hierzulande zu kalt wird. Auch das findet Helene spannend, weil sie selbst gerne ein wenig wie Toni wäre. Toni mag Helenes eloquente Ausdrucksweise und findet es großartig, dass sie studiert hat und als Mathematikerin in einem Rechenzentrum arbeitet. Es gibt auch einige Gemeinsamkeiten. Beide lieben es, in den Bergen unterwegs zu sein. Und beide kochen gerne. Vor ein paar Monaten haben sie eine gemeinsame Wohnung bezogen. Toni hat inzwischen eine Festanstellung als Lagerarbeiter. Den Job habe er aus Liebe zu Helene angenommen, erklärt er mir. Sie finde seine unkonventionelle Art zwar gut, aber in einer Beziehung wolle sie nun doch mehr Beständigkeit. Helene beklagt indes, Toni ziehe sich immer mehr zurück, und wenn sie Freunde eingeladen habe, dann spreche er kaum mit ihnen. Toni erwidert, er könne mit dem wichtigtuerischen Geschwafel nichts anfangen. Außerdem nerven ihn Helenes »Erziehungsversuche«.

In letzter Zeit gibt es deswegen zwischen den beiden immer mehr Konflikte. Toni fühlt sich von Helene wenig ernst genommen. Alles wisse sie besser, selten nehme sie etwas von ihm an. Für alles habe sie eine Erklärung, und sie könne alles benennen, beklagt er. Helene sieht die Dinge naturgemäß anders. Sie wolle ihm helfen, die Themen aus einer anderen Perspektive zu betrachten, versucht sie zu beschwichtigen. Helene ist sich ihres höheren Bildungsniveaus sehr wohl bewusst. Sie ist der Meinung, vieles besser zu wissen als Toni. Meist ist sie auch nicht gewillt, die Dinge mit seinen Augen zu betrachten. Gut vorstellbar, was das mit Tonis Selbstwertgefühl macht.

Bildung kann sicherlich nachgeholt werden, aber wenn die Motivation nicht von selbst kommt und man sich auch noch bevormundet fühlt, dann wird daraus nichts werden. Es gehört viel Toleranz und Einfühlungsvermögen auf beiden Seiten dazu, solche Unterschiedlichkeiten zu überwinden. Darüber hinaus die Fähigkeit, den anderen so zu akzeptieren, wie er ist. Toni und Helene könnten so voneinander lernen, und Unterschiedlichkeiten im Bildungsniveau würden dann irgendwann keine tragende Rolle mehr spielen. Doch da beide auch noch sehr unterschiedliche Persönlichkeiten sind und das Leben aus sehr unterschiedlichen Perspektiven betrachten, trennt sie am Ende mehr, als sie verbindet. Eine Trennung scheint den beiden daher die realistischste Lösung des Problems zu sein.

Wir lachen trotzdem – Humor

Die meisten Menschen wünschen sich einen Partner mit Humor, weil sie intuitiv wissen, wie wichtig Lachen in einer Beziehung ist. Humor ist tatsächlich eine der wichtigsten Eigenschaften in einer Beziehung. Paare mit der Fähigkeit, über sich selbst zu lachen und alltägliche, schwierige Situationen gelassen und mit einer Portion Heiterkeit zu betrachten, sind nicht nur gesünder, sondern auch weitaus zufriedener in ihrer Beziehung als Paare, bei denen diese Fähigkeit weniger ausgeprägt ist.

Humor lässt uns sympathisch und souverän erscheinen. Und gemeinsames Lachen schafft Nähe und Verbundenheit. Leider ist diese Gabe nicht jedem gegeben. Die gute Nachricht: Humor kann man lernen. Auch wenn dabei ähnliche Lebenserfahrungen sehr hilfreich sind, weil dann beide Partner über dieselben Erfahrungen lachen können. Man kann solche Erfahrungen aber durchaus gemeinsam machen, indem man sich beispielsweise humorvolle Geschichten vorliest, aktiv ernsten Situationen eine humorvolle Seite abgewinnt und sich selbst nicht immer allzu ernst nimmt. Hält man dann noch humorvolle Situationen in einem Tagebuch fest, dann hat man irgendwann einen kleinen Schatz angesammelt, den man sich in schwierigen Zeiten leicht in Erinnerung holen kann.

Walter und Maria sind ein Beispiel dafür, wie gemeinsamer Humor eine Beziehung bereichern kann. Die beiden kamen in meine Praxis, weil sie sich zu oft wegen Kleinigkeiten stritten. Maria fand Walter zu laut und zu verschwenderisch, zu unordentlich und rechthaberisch. Sie fühlte sich ihm unterlegen, weil er als niedergelassener Arzt in eigener Praxis arbeitete und sie sich »nur« um die drei gemeinsamen Kinder kümmerte.

Die beiden stritten sich in meiner Praxis, dass buchstäblich die Fetzen flogen. Sobald ich sie bremsen konnte, grinsten sie mich an und praktizierten »Give me five«. Bei der Reflexion des Streits gab es dann meist sehr viel zu lachen. Die beiden verstanden es trefflich, dem Ganzen viel Humor abzugewinnen, auch wenn ihnen vieles ernst war und sie anstrebten, weniger miteinander zu streiten. Ihr Humor half ihnen auch bei der Umsetzung der Kommunikationsstrategien, die sie bei mir erlernten und im Alltag miteinander einüben durften. Ich hatte selten ein so lebendiges Paar in meiner Praxis, das an der Bewältigung seiner Konflikte so hochmotiviert gearbeitet hat.

Wir sind uns einig – Sexualität

Bei keinem Thema wird so viel gelogen wie beim Sex, egal, ob man es aus Liebe macht, aus schlichter Leidenschaft oder Begehren, aus Berechnung oder um damit Geld zu verdienen. Niemand besucht natürlich ein Bordell, auch wenn sie wie Pilze aus dem Boden schießen und die Damen dort gut gebucht sind. Und selbstverständlich sind sich alle treu und vollauf zufrieden mit ihrem Sexualleben.

Die Wahrheit sieht allerdings anders aus. Männer wie Frauen sind gleichermaßen untreu, und in vielen ehelichen Betten herrscht pure Langeweile. Letzteres ist nicht weiter schlimm, solange sich das Paar einig ist und lieber kuscheln will, als sich der sexuellen Lust hinzugeben. Schwieriger wird es, wenn die Vorstellungen über Qualität und Quantität des Liebesspiels auseinandergehen. Freilich kann auch eine Beziehung funktionieren, in der einer der Partner nur wenig sexuelle Lust verspürt, der andere aber täglich Befriedigung sucht. »Funktionieren« bedeutet aber nicht, dass ein solches Paar auch zufrieden oder gar glücklich ist. Mitnichten. Der Frust ist groß, und für den, der häufiger »will«, fehlt der Liebesbeweis. Man bleibt zusammen – der Kinder wegen oder weil der gemeinsame Alltag ganz gut funktioniert –, auch wenn die kleinen Sticheleien immer boshafter werden und ein stetiges Gefühl der Unzufriedenheit das Leben bitter werden lässt. Statt ein klärendes Gespräch miteinander zu führen, verschanzen die Partner sich jeweils hinter ihrer eigenen Idee des Zusammenlebens und entfernen sich noch weiter voneinander.

Realistisch betrachtet, lässt das sexuelle Begehren nach rund zwei bis vier Jahren nach und pendelt sich bei ein- bis zweimal Geschlechtsverkehr pro Woche ein, will man der Statistik glauben. Und je länger eine Beziehung besteht, umso seltener wird der Beischlaf. Ein Mann Mitte 30, der seit zehn Jahren in einer Beziehung ist, hat deshalb meist weniger Sex als eine Frau um die 60, die sich erst seit zehn Monaten in einer neuen Beziehung befindet. Das ist auch in Ordnung so, weil es normal ist, dass die Lust nachlässt. Ich würde es als eine alltagstaugliche Lust bezeichnen. Wären wir ständig im Rausch der Sinne, würden wir unsere alltäglichen Aufgaben vernachlässigen und nichts mehr auf die Reihe bekommen.

Trotz dieser Tatsache ist das Thema Sex emotionsgeladen und wird zur wichtigsten Sache der Welt, wenn vom gedeckten Tisch nicht gegessen werden darf, auch wenn man noch so hungrig ist. Allerdings wäre ein kurzes Innehalten für eine Frage, die Sie sich selbst stellen sollten, vielleicht nicht verkehrt: Wie oft hatten Sie Sex, als Sie noch Single waren? Ich schätze, weit seltener als in Ihrer Beziehung. Woher kommt also diese Erwartung, Sex sei in einer Partnerschaft ständig verfügbar, statt sich mit den realistischen Gegebenheiten zufriedenzugeben? Sie könnten sich auch entscheiden, glücklich darüber zu sein, dass Sie in Ihrer Beziehung mehr Sex haben als in Ihrem Singledasein. Vielleicht kommen Sie auch zu der Erkenntnis, dass seltener, aber dafür qualitativ guter Sex besser ist als ein inflationäres, planloses Gerammel zwecks Quotenerfüllung. Und *nein*, Sie führen keine Beziehung, um unbeschränkten Zugang zu sexueller Befriedigung zu haben. Sie führen eine Beziehung aus weit mehr Gründen. Sexuelle Befriedigung ist ein Aspekt davon, aber keine Verpflichtung oder gar ein *Muss* zur Erfüllung von irrigen Vorstellungen der immerwährenden Lust.

Dennoch, Paare sollten sich so weit wie möglich darüber einig sein, wie und wie oft sie die gemeinsame Sexualität leben möchten. Das aber wissen sie sicher nicht in der Phase der Verliebtheit. In dieser aufregenden Zeit sorgen die Hormone für den nötigen Schub und den Gleichklang des Begehrens. Aber wenn diese Zeit vorbei ist und der Alltag die Führung übernommen hat, kristallisiert sich sehr schnell heraus, ob in dieser Beziehung Einigkeit besteht oder nicht.

Melanie und Hannes, ein junges Paar, das seit vier Jahren Tisch und Bett teilt, machen einen harmonischen Eindruck und lachen viel zusammen, weil sie den gleichen Humor haben. Trotzdem haben sie in ihrer Beziehung eine Baustelle, die sie gerne gemeinsam angehen möchten. Aus Melanie platzt es dann auch ohne Umschweife heraus: Sie klagt über Hannes' Lustlosigkeit. Obwohl er ihr fast täglich beteuert, wie sehr er sie liebt, findet er nicht den Weg zu ihr ins Bett. Seit sie zusammen sind, hatten sie nicht häufiger Sex, als sie an einer Hand abzählen kann. Für Melanie sind die Liebesbeteuerungen von Hannes nichts weiter als Lippenbekenntnisse. Er solle ihr zeigen, wie sehr er sie liebe, verlangt sie sehr bestimmt von ihm. Aber Hannes scheint damit vollkommen überfordert zu sein. Grundsätzlich habe er nichts gegen Sex; er genieße ihn auch, wenn es dazu komme, aber er brauche ihn nicht so oft wie Melanie, beteuert er.

Im weiteren Verlauf stellt sich allerdings heraus, dass Hannes viel Zeit am Computer verbringt und auf einschlägigen Pornoseiten seine Befriedigung findet. Für Hannes hat das nichts mit seiner Liebe zu Melanie zu tun. Es geht ihm um unkomplizierten Sex. Den Sex mit Melanie empfindet er als kompliziert, weil er sie als fordernd wahrnimmt und es ihn stört, wenn sie ihm während des Liebesspiels ständig Anweisungen gibt.

Hannes hat Lust auf Melanie, und das im gleichen Maße wie sie auf ihn, nur lässt der Gedanke an ihre Bevormundung bei ihm die Lust zum Frust werden. Er reagiert sich dann lieber vor dem PC ab. Als Melanie klar wird, wie viel ihr Kontrollverhalten zum Problem beiträgt, entscheidet sie sich, Hannes nun ganz bewusst die Führung zu überlassen. Seither klappt es besser mit der gemeinsamen Lust.

Das geht natürlich nicht von heute auf morgen, aber mit der Zeit lernen beide den neuen Umgang miteinander und haben auch Spaß daran, die Sexualität des anderen aus einer neuen Perspektive kennenzulernen.

Kein Generationswechsel – Alter

Am besten passen Partner zusammen, die zwei bis fünf Jahre Altersunterschied aufweisen. Dabei ist es nicht von Bedeutung, ob die Frau jünger ist oder umgekehrt der Mann. Stammen beide Partner aus derselben Generation, ist die Chance auf ähnliche Interessen und Ziele weit höher als bei einem großen Altersunterschied. Forscher wollen herausgefunden haben, dass jeder Altersunterschied unter zehn Jahren unproblematisch ist.

Sicherlich funktionieren auch Beziehungen mit großem Altersunterschied, aber in der Regel sind diese Beziehungen anfälliger für Trennungen. Glaubt man einer Studie der Universität Atlanta, so steigt die Trennungsrate mit dem Altersunterschied. Trennen die Partner 20 Jahre, liegt die Wahrscheinlichkeit eines gemeinsamen Lebens, bis der Tod sie scheidet, bei nur noch fünf Prozent. Das ist verständlich. Das Alter mag am Anfang einer Beziehung keine so große Rolle spielen, aber nach einigen Jahren sieht das Ganze etwas anders aus. Nämlich dann, wenn der jüngere Partner in der Blüte seines Lebens steht und der ältere mit den ersten Gebrechen des Alters zu kämpfen hat.

Die meisten Paare trennen jedoch nur bis zu fünf Jahre und damit auch keine generationsbedingt unterschiedliche Lebenseinstellung. Instinktiv suchen wir nämlich nach einer »besseren Hälfte« aus unserer eigenen Generation, weil wir uns dann besser verstanden fühlen und mehr Chancen auf Gleichklang haben.

Erst vor Kurzem habe ich zum Thema des Altersunterschiedes eine auf einem Datingportal zitierte Studie gelesen, in der ernsthaft behauptet wird, man müsse damit rechnen, früher zu sterben, wenn man mit einem deutlich jüngeren Menschen zusammen sei. Sicher wird man sterben – das liegt aber nicht am Altersunterschied, sondern weil das Altern das Sterben nun mal mit sich bringt, egal, ob man einen jüngeren Partner an seiner Seite hat oder nicht. Natürlich stirbt der ältere Partner früher als der jüngere, sofern kein Unglück diese Entwicklung stört.

Das Wichtigste kommt zuletzt – was die Liebe sonst noch braucht

Lieben kann man nicht schnell mal eben. Lieben geht nur langsam, mit Bedacht und mit Aufmerksamkeit für den Partner. Liebe braucht also Zeit, um sich zu entfalten. Zeit ist aber meist Mangelware in unserem leistungsorientierten Zeitalter. Viele Dinge scheinen wichtiger zu sein. Die Arbeit, die Kinder, der Alltag, die vielen unnötigen Verpflichtungen, die man sich im Laufe des Lebens aufgehalst hat, und vielleicht noch Verpflichtungen der Familie, den Eltern gegenüber, denen man sich nicht entziehen kann. Kein Wunder, wenn sich die Partner darin verlieren und sich am Ende wie Fremde gegenüberstehen.

Was die Liebe sonst noch braucht

Abbildung 3

Eigentlich sollten die Punkte Wertschätzung, Achtsamkeit, Empathie und eine respektvolle Streitkultur in einer Beziehung selbstverständlich sein (Abbildung 3). Sind sie aber leider nicht. Aus eigener Erfahrung und aus meiner beruflichen Praxis weiß ich, wie wenig Wertschätzung man gerade den Menschen entgegenbringt, die einem am nächsten stehen. Es gibt Erklärungen, warum das so ist, doch im täglichen Umgang miteinander helfen sie nicht weiter, weshalb ich sie Ihnen ersparen möchte. Viel lieber möchte ich Sie fragen:

- Wann haben Sie zuletzt Ihrem Partner Ihre Wertschätzung gezeigt? Beispielsweise, indem Sie ihm gesagt haben, wie toll er ist und wie dankbar Sie sind für das, was er für Sie tut?
- Wann haben Sie das letzte Mal versucht, die Dinge aus seiner Perspektive zu betrachten, also Empathie für ihn aufzubringen, um ihn besser zu verstehen?
- Wie oft begegnen Sie Ihrem Partner mit Achtsamkeit?
- Verhalten Sie sich im Konflikt fair, oder geht es nur darum, recht zu behalten und die eigenen Belange durchzusetzen, egal, ob es dem Partner dabei gut geht oder nicht?

Ich wette, in Gedanken sind Sie schon dabei, sich mit »Ja, aber ...« zu rechtfertigen, noch bevor Sie diese Fragen wirklich beantwortet haben. Wenn Sie möchten, dass Ihre Liebe wächst und sich nicht im Alltag und den täglichen Widrigkeiten verliert, dann sollten Sie sich Zeit füreinander nehmen. Sie könnten ein- oder zweimal pro Woche ein Date mit Ihrem Partner vereinbaren, bei dem Sie nur die positiven Erlebnisse austauschen und sich gegenseitig wissen lassen, was Sie am anderen schätzen.

Besonders hilfreich ist hier ein »Honeymoon Book«, in dem Sie abends vor dem Zubettgehen notieren, was Sie an Ihrem Partner gerade heute sehr geschätzt haben oder welche Freude Sie mit ihm hatten. Jeder sollte mindestens drei Punkte haben, die er eintragen kann. Je mehr, umso besser. Machen Sie daraus ein Ritual, und im Laufe der Monate oder gar Jahre werden Sie einen großen Fundus an positiven Momenten angesammelt haben, die in schwierigen Zeiten Gold wert sind. Denn negative Erlebnisse merkt sich das Gehirn am besten. Das liegt daran, dass negative Erfahrungen für uns lebensbedrohlich sein könnten und es daher wichtig ist, sie sich gut zu merken, damit sie sich nach Möglichkeit nicht wiederholen. Es bedeutet jedoch auch, dass die negativen Erfahrungen die positiven Erinnerungen überlagern und es in einer Beziehung fünf positive Erfahrungen braucht, um für nur eine negative Erfahrung einen Ausgleich zu schaffen. Damit wird auch klar, wie wichtig ein »Honeymoon Book« für die Beziehung ist. Eine kleine Sache, die wenig Mühe bereitet, aber in den entscheidenden Momenten die Liebe lebendig hält.

NEUROTISCHE BEDÜRFNISBEFRIEDIGUNG

Die Liebe will Ähnlichkeit und sich im Gegenüber wiederfinden; erst dann kann sie sich entfalten. Das hat wenig mit Verliebtheit zu tun, sondern vielmehr mit der Entscheidung, einen Menschen lieben zu lernen, der Ähnlichkeiten mit uns selbst aufweist. Damit meine ich nicht die identische Kopie der eigenen Persönlichkeit, sondern kompatible Anteile, auf die ich später im Kapitel »Persönlichkeitskompatibilität – Big Five, Big Love?« noch genauer eingehen werde.

Eigentlich sollte es uns leichtfallen, einen Menschen zu lieben, der kompatible Persönlichkeitsmerkmale hat, wenn unsere Eigenliebe in einer gesunden Balance ist. Aber wer keine Eigenliebe in sich trägt, wird sich damit schwertun und sich lieber für einen Menschen entscheiden, der ganz anders ist als man selbst. Verständlich: Welcher Mensch, der sich selbst nicht annehmen kann, sieht sich schon gerne in einem anderen Menschen gespiegelt? Verständlich auch, dass man sich dann umso intensiver in einen Menschen verliebt, der so ganz anders ist als man selbst, hat man doch einen Partner gefunden, der all das besitzt, was man selbst nicht zu haben glaubt. Die Anerkennung, die schmerzlich vermisst wird, die Hingabe, die man nie gelernt hat, oder die Lockerheit, die man gerne hätte, um das Leben mehr von der entspannten Seite zu erleben. Plötzlich steht da ein Mensch, der all das zu haben scheint. Kehrt dann aber der Alltag ein, wird klar, was man verdrängt hat: Es fehlt an Gemeinsamkeiten. Die Lockerheit des Partners wird plötzlich zur nervigen Oberflächlichkeit, die Hingabe zum Klammern und die Anerkennung zur billigen Lobhudelei. Autsch, angekommen auf dem Boden der Tatsachen, oder besser gesagt: bei der Kehrtwende der Wahrnehmung. Schon wird der Prinz zum Frosch oder die Prinzessin zur Kröte. Eine Enttäuschung mehr in der Liebesbiografie.

Da hilft nur Nabelschau und ehrliche Auseinandersetzung mit sich selbst. Meist ist nicht nur die »bessere Hälfte« schuld, wenn es mit der Liebe nicht klappt. Doch es scheint einfacher, die Schuld beim Gegenüber zu suchen, das hält das sowieso schon angeknackste Selbstbewusstsein scheinbar im Lot. Aber auch das ist ein Trugschluss. Tief im Inneren nagt der Zweifel an uns, den wir doch so gern verdrängen möchten. Und beim nächsten Versuch mit der Liebe beißt er dann zu. Aus ist es mit der so mühevoll errungenen Selbstsicherheit. Tausend Fragen, tausend Zweifel und die Angst, wieder enttäuscht zu werden, führen am Ende zur Self-fulfilling Prophecy, zur selbsterfüllenden Prophezeiung: Genau das, was wir befürchten, tritt ein.

Schöner Schlamassel. Und niemand sagt einem, wie man aus diesem Blindflug der Frustration wieder herauskommt. Wie auch, wenn das Thema der Bedürfnisbefriedigung ein Gemisch ist aus frühkindlicher Prägung, erlittenen Traumata und den vielschichtigen Erfahrungen, die wir im Laufe des Lebens gemacht haben. Damit nicht genug, werden frühere Erfahrungen vom Umfeld und Partner auch noch unablässig wieder wachgerufen, und prompt verhalten wir uns nach alten, nicht immer bewährten Mustern.

Es ist nicht einfach, alte Muster aufzugeben, zumal unser Gehirn Muster liebt. In ihnen erkennt es etwas Vertrautes.

Das Perfide bei der Sache: Unser Gehirn zwingt uns dann ein Verhalten auf, das dieses Muster bestätigt, nach dem Motto: »Siehst du, es ist immer wieder das Gleiche.« Fiese Geschichte, weil es meist unbewusst abläuft. Wir merken gar nicht, wie unsere grauen Zellen uns manipulieren. Erst im Rückblick wird uns klar, was mal wieder falsch gelaufen ist. Und es ist nicht das Gefühl, das uns sagt, was wir hätten besser machen können, sondern der klare Blick auf unser Verhalten und die Analyse. Aber da kommt dann die Verdrängung ins Spiel und die Selbstwertproblematik – und das hat jetzt wiederum ganz viel mit Gefühlen zu tun. Wer will sich schon gerne als Verlierer sehen? Wieder nicht geschafft, wieder versagt. Das ist Gift für das Ego. Aber wenn wir glücklich werden wollen, wenn wir eine Beziehung führen wollen, die weitgehend von langfristiger Liebe geprägt ist, dann sollten wir unser Ego etwas zähmen, um unseren Blick nicht zu trüben. Das ist weniger schlimm, als es sich anhört.

Was kann also schlimmstenfalls passieren? Wir fühlen uns mies, wertlos, irgendwie als Versager. Das muss aber nicht zwangsweise so sein. Es ist auch möglich, in einen Dialog mit sich selbst zu treten. »Okay, wieder dumm gelaufen. Kein schönes Gefühl, aber was kann ich beim nächsten Mal besser machen? Wer kann mir helfen, die Situation zu reflektieren? Was brauche ich, um unterschiedliche Wahrnehmungspositionen einzunehmen, ohne mich dabei selbst zu belügen?«

Ich hoffe, mit diesem Kapitel einen Weg durchs Dickicht für Sie zu schlagen. Vielleicht haben Sie dann den Mut, diesen Weg zu betreten oder sich gar einen eigenen Weg zu suchen.

Vorneweg: Neurotisch sind fast alle Menschen in irgendeiner Form. Hier soll es denn auch um die »normalen« Neurosen gehen und nicht um die pathologischen. Also keine Angst:

Was hier besprochen wird, hat keinen Krankheitswert, sondern bezieht sich auf weitverbreitete menschliche Verhaltensweisen, die uns in einer Partnerschaft einfach nicht guttun.

Bedürfnisbefriedigung hat viel mit Erwartungen zu tun. Und Erwartungen dürfen wir haben in einer Beziehung. Nein, nicht die Superfrau, auch nicht den Supermann dürfen wir erwarten! Wir wissen, dass es die nicht wirklich gibt. Aber mal ehrlich: Irgendwie hofft man dann doch, dass der Partner wenigstens ein bisschen super ist. Ein bisschen kann es auch wahr werden, wenn wir uns eingestehen, dass es auch an uns selbst liegt, wie super das Gegenüber ist.

Wie auch immer, ganz pragmatisch betrachtet, dürfen wir Folgendes in einer Beziehung erwarten: Fürsorge, Wertschätzung, einen respektvollen Umgang, Unterstützung in der persönlichen Entwicklung, Empathie und Sex. All das natürlich in ausgewogener Gegenseitigkeit. Weitergehende Erwartungen sind persönlichkeitsabhängig und sollten deshalb genau unter die Lupe genommen werden: Passen sie zum eigenen Lebensentwurf? Sind sie realistisch? Oder dienen sie vornehmlich dazu, eigene Defizite auszugleichen?

Marie ist eine Frau in den besten Jahren. Mit ihren 47 Jahren ist sie eine attraktive und sportliche Erscheinung. Sie sitzt beruflich sicher im Sattel und ist so weit mit ihrem Leben zufrieden. Aber zwei gescheiterte Ehen und die momentane Beziehung, die zu zerbrechen droht, lassen bei ihr Zweifel an ihrem Beziehungsverhalten aufkommen. Bei Maries Erzählungen wird schnell klar, dass sie in ihrem Verhalten ein Muster aufweist. Sie verhält sich bei Konflikten meist emotional beherrscht, obwohl sie lieber ihre Wut rauslassen würde. Aber ihre Angst, den Partner zu verärgern, lässt sie in die Rolle der Duldsamen schlüpfen. Sie kann nicht verstehen, warum sie das macht. Warum sie sich nicht abgrenzt und stattdessen versucht, die (vermeintlichen) Erwartungen ihres Partners zu erfüllen. Selbst beim Sex ist sie nicht sie selbst. Sie mimt die leidenschaftliche Frau, täuscht Orgasmen vor und tut alles, um ihrem Partner ein gutes Gefühl zu geben. Sie braucht sich dabei nicht einmal anzustrengen, so sehr ist ihr diese Rolle in Fleisch und Blut übergegangen. Aber insgeheim rechnet Marie auf. Sie möchte eine Entschädigung für ihre Anstrengungen. Ihr Partner soll sie auf Händen tragen und seine Zeit ausschließlich mit ihr verbringen.

Marie gibt weit mehr, als sie eigentlich geben kann, und dafür erwartet sie auch von ihrem Partner mehr, als dieser geben kann. Irgendwann ist dann der Punkt erreicht, an dem das Ganze kippt. Marie verweigert sich, macht ihrem Partner Vorwürfe und bezeichnet ihn als selbstsüchtig. Der so infrage Gestellte versteht die Welt nicht mehr und zieht sich zurück. Marie ist enttäuscht. Hat sie doch alles getan, um ihm jeden Wunsch von den Augen abzulesen. Sie kann nicht verstehen, warum das umgekehrt nicht so ist. Schließlich sei eine Beziehung doch ein Geben und Nehmen.

In unseren Gesprächen kann Marie etwas Wichtiges realisieren: Sie agiert mit kindlichen Verhaltensmustern im Bemühen nach Aufmerksamkeit und Anerkennung. Ihr Bedürfnis, wahrgenommen und anerkannt zu werden, blieb in ihrer Kindheit unbefriedigt, solange sie nicht den Vorstellungen ihrer Eltern entsprach. Nur war für Marie meist nicht klar, was ihre Eltern von ihr erwarteten. Waren ihre schulischen Leistungen nicht zufriedenstellend, so quittierten die Eltern dies mit Schweigen. Waren sie mit einem Verhalten von ihr nicht einverstanden, stellten sie ihr die Frage, ob sie ihnen das wirklich antun wolle. So versuchte Marie zu erahnen, was ihre Eltern von ihr erwarteten. Landete sie einmal einen Treffer, dann war sie überglücklich und versuchte daraus ein Muster abzuleiten.

Dieses unbewusste Verhalten trug sie später in ihre Beziehungen, wo es genauso wenig funktionierte wie in der Beziehung zu ihren Eltern. Aber dieses Muster war ihr vertraut, damit konnte sie umgehen, auch wenn das Ganze am Ende immer wieder in eine Sackgasse führte.

Ich erarbeite mit Marie neue Verhaltensweisen, die sie täglich einüben darf. An erster Stelle steht das Gespräch mit ihrem Partner, dem sie ihre Erkenntnisse offenbart. Zum Glück zeigt er sich verständnisvoll und will seinerseits einen Beitrag dazu leisten, dass in Zukunft Erwartungen klar und deutlich ausgesprochen werden. Ob und in welchem Umfang sie erfüllt werden können, wollen beide im gemeinsamen Gespräch herausfinden. Das ist nicht immer ganz einfach und erfordert von beiden viel Durchhaltevermögen. Aber bei der harten Beziehungsarbeit stellen sie auch fest, wie das Vertrauen zueinander wächst und wie nahe sie sich durch die offenen Gespräche kommen. Es gibt auf beiden Seiten mehr Verständnis und Akzeptanz. Hilfreich sind dabei sicherlich die gemeinsamen Lebensentwürfe, Interessen und Wertvorstellungen, die sie teilen. Sie sind der Kitt, der sie zusammenhält, wenn es mit der Beziehungsarbeit einmal nicht so gut läuft.

Bevor Sie sich also Hals über Kopf in die nächste Beziehung stürzen oder unzufrieden auf Ihre bestehende Beziehung blicken, sollten Sie sich über Folgendes im Klaren sein: Ihr Partner ist nicht dazu da, Ihre eigenen Defizite zu kompensieren. Er sollte vielmehr Ihr Leben bereichern mit neuen Impulsen, ähnlichen Interessen und Lebensentwürfen. Dabei spricht nichts dagegen, voneinander zu lernen, aber das geht nur in einem begrenzten Rahmen. Wie schon im Kapitel »Die Liebe in einer narzisstischen Gesellschaft« erwähnt, ändern sich Menschen nicht für andere Menschen. Was die Grundstruktur ihrer Persönlichkeit betrifft, wird also nicht viel passieren. Bestenfalls wird es an der einen oder anderen Ecke ein paar Annäherungen geben. So kann der Stille etwas kommunikativer werden und der Laute etwas leiser, aber beider Persönlichkeit wird sich deshalb nicht grundlegend ändern. Was allerdings den Blick auf das Leben betrifft, bewährte Strategien des Partners oder Äußerlichkeiten wie zum Beispiel den Kleidungsstil, ist sicher mehr Potenzial für Anpassung drin.

Für Änderungswünsche in Bezug auf den Partner sind ganz besonders die Frauen anfällig. Sie haben weitaus häufiger den Optimierungsgedanken im Kopf als ihre Partner. Viele Frauen würden ihren Partner gern nach ihrem persönlichen Geschmack optimieren. Liebe Frauen: Ihr bekommt das, was ihr seht. Also besser von Anfang an genauer hinschauen und sich darüber klar werden, ob das Gesamtpaket stimmt und man mit dem, was man vor sich hat, ein Leben verbringen kann. Damit erspart man sich viel Leid und Frustration.

HIRN STATT HERZ – WARUM WIR ÖFTER AUF UNSEREN VERSTAND STATT AUF UNSER HERZ HÖREN SOLLTEN

»Nur mit dem Herzen sieht man gut. Das Wesentliche ist für die Augen unsichtbar«, schreibt Antoine de Saint-Exupéry in seinem Buch *Der kleine Prinz*. Das ist eine poetische Aussage, die mich berührt und vor der ich mich in Respekt verneige. Aber es sind nun mal die Augen, die sehen, und das Gehirn, das die Eindrücke verarbeitet. Das Herz mag fühlen und schneller schlagen, wenn wir uns verlieben, aber gesteuert wird es vom Gehirn, ob uns das nun gefällt oder nicht. Vielleicht wollte Saint-Exupéry uns auch nur sagen, dass wir viel zu selten auf das Naheliegende vertrauen und uns stattdessen von äußeren Umständen, von vermeintlichen Zwängen und von allgemeingültigen Vorstellungen, wie alles zu sein hat, leiten lassen.

Unser Verstand sagt uns, was uns guttut und was nicht. Deshalb sagen wir auch: »Ich *weiß*, was gut für mich ist«, und nicht: »Ich *fühle*, was gut für mich ist.« Aber wir hören nicht wirklich auf unseren Verstand, sondern lassen unsere momentane Gefühlslage entscheiden. Entsprechend leben wir oft ungesund, lassen uns auf den falschen Partner ein, wiederholen unser selbstschädigendes Verhalten in einer Endlosschleife und wundern uns, warum wir immer wieder in die gleiche missliche Lage kommen; warum wir unzufrieden mit unserem Leben sind und gerne ausbrechen würden, aber Angst haben, unserem Wissen zu folgen. Und manchmal ist unser Gefühl auch zwanghaft. Der Verstand sagt: »Es hat keinen Sinn, dieser Mensch passt nicht zu mir.« Das Gefühl schreit: »Ich will aber, dass er passt!« Dann versuchen wir, es passend zu machen, und wundern uns, wenn wir dabei kläglich scheitern, weil sich das Gegenüber nicht aufs eigene Wunschbild zurechtstutzen lässt.

Jeder Mensch möchte gerne so angenommen werden, wie er ist, und erlebt dadurch die so wichtige Wertschätzung. Auch derjenige, der versucht, den anderen zu ändern, möchte selbst so geliebt werden, wie er ist. Leider vergisst er diese Tatsache oder glaubt gar, ein Ideal zu sein, das nur wenige Fehler hat. Ein Irrtum mit fatalen Folgen – und der Beginn einer leidvollen Zweisamkeit.

Partnersuche mit Kalkül – die Checkliste

Warum also nicht schon im Vorfeld abklären, welcher Partner zu den eigenen Erwartungen passt? Dann braucht es auch keine Erziehungs- oder Änderungsversuche, die ohnehin nur in Frustration enden. Was spricht dagegen, eine Checkliste anzulegen, die Ihre Erwartungen widerspiegelt und Teil Ihrer Strategie bei der Partnersuche wird? Es ist nicht verwerflich, rationell vorzugehen, wenn es darum geht, den Partner fürs Leben zu finden. Im Gegenteil: Wenn Sie dadurch die Basis für eine Liebe schaffen, die Entwicklungspotenzial besitzt, dann ist das allemal besser, als sich romantischen Vorstellungen der Verliebtheit hinzugeben, die leider viel zu oft eben nicht in Liebe münden. Wenn Sie mutig geworden sind und einen zuverlässigeren Weg zur Liebe finden wollen, dann nutzen Sie die nachfolgende

Checkliste als ersten Einstieg in eine Vorgehensweise, bei der Sie die Kontrolle behalten und einen klaren Weg für eine erfüllte Zweisamkeit bereiten.

Sie dürfen in der folgenden Liste nach Herzenslust ankreuzen, welche Eigenschaften Ihr Partner mitbringen sollte oder was Sie sich von ihm wünschen, wenn er bereits Ihr Leben mit Ihnen teilt. Sie dürfen die Liste auch gerne nach Ihrem Gusto ergänzen. Sie umfasst nicht nur Persönlichkeitseigenschaften, die weitgehend angeboren sind, sondern auch Qualitäten, die erworben oder erlernt werden können. Auf die unterschiedlichen Persönlichkeitsstrukturen werde ich im Kapitel »Persönlichkeitskompatibilität – Big Five, Big Love?« noch gesondert eingehen.

Die Beziehungscheckliste

	Achtsamer Umgang
	Akzeptanz meiner Schwächen
	Attraktivität
	Auf Händen tragen
	Bedingungslose Liebe
	Ehrlichkeit
	Einfühlungsvermögen
	Finanzielle Unabhängigkeit
	Fürsorge

	Gemeinsame Hobbys
	Gemeinsame Interessen
	Großzügigkeit
	Gute Umgangsformen
	Keine Konflikte
	Loyalität
	Lernbereitschaft
	Respekt
	Sexuelle Erfüllung
	Streitkultur
	Treue
	Unterstützung
	Vertrauen
	Viel gemeinsame Zeit
	Wertschätzung
	Zärtlichkeit
	Zuverlässigkeit
	Kinderwunsch
	Sportlich

Es wäre natürlich großartig, wenn Ihr Partner alle vorgenannten Erwartungen und alle Erwartungen, die Sie vielleicht noch aufgeführt haben, erfüllen könnte, und das möglichst lückenlos für den Rest Ihres Lebens. Doch da Sie wissen, wie unrealistisch das ist und dass viel von Ihrem eigenen Verhalten abhängt, sollten Sie nun beginnen, Ihre Erwartungen nochmals zu überdenken. Führen Sie einen Realitätscheck durch – als Enttäuschungsprophylaxe. Ich möchte Ihnen dabei ein wenig behilflich sein, damit Ihnen die Vorgehensweise leichter fällt.

Beispiel: *Konflikte*
Eine konfliktfreie Beziehung ist eher die Ausnahme als die Regel. Also werden Sie damit rechnen müssen, dass es in Ihrer Beziehung immer wieder zu Auseinandersetzungen kommen wird. Das ist nicht weiter schlimm, wenn Konflikte als Chance verstanden werden, sich selbst und die Beziehung weiterzuentwickeln. Dazu braucht es eine gute Streitkultur, die man lernen kann, falls sie nicht vorhanden ist. Also sollte auf Ihrer Liste »Lernbereitschaft« stehen. Und den Punkt »Keine Konflikte« können Sie damit getrost von Ihrer Liste streichen.

Noch ein Beispiel: *Bedingungslose Liebe*
Die Liebe zwischen zwei erwachsenen Menschen ist nicht bedingungslos. Vielmehr ist sie davon abhängig, welche Erwartungen an den anderen geknüpft werden und inwieweit man zusammenpasst. Also davon, wie viele Gemeinsamkeiten ein Paar verzeichnen kann. Das soll nicht heißen, dass jede Bewegung nur noch im Doppelpack erfolgt – das wäre Unsinn, weil jeder Mensch auch seinen persönlichen Raum braucht, den er nach Gusto ausfüllen kann. Stutzen Sie deshalb Ihre Erwartung auf ein gesundes Maß zurück. Statt »Bedingungslose Liebe« sollte hier stehen: »Die Fähigkeit, zu lieben und daran zu arbeiten«.

Und noch eine letzte Anregung: *Sexuelle Erfüllung*
Meines Erachtens gibt es nichts Schöneres als vertrauten Sex, sofern mit dem Thema offen und ehrlich umgegangen wird. Dass er aber am Ende erfüllend ist, lässt sich nicht durch Forderungen erreichen, sondern durch gemeinsames Arbeiten. Oder besser ausgedrückt: durch ein gemeinsames Spielen. Beim Spielen sind wir entspannt, bei der Arbeit angespannt, und Letzteres würde dem Sex die Leichtigkeit nehmen, was sehr schade wäre. Also streichen Sie »Sexuelle Erfüllung«, und ersetzen Sie es durch »Ähnliche sexuelle Vorlieben«. Das wäre eine gute Voraussetzung für eine zumindest phasenweise sexuelle Erfüllung mit dem Partner.

Sollten Sie eine neue Partnerschaft eingehen wollen, dann wäre es klug, Ihre realistische Checkliste der Erwartungen im Hinterkopf zu haben. Damit schließen Sie zwar Enttäuschungen, Frustrationen und Konflikte nicht von vornherein aus, aber sie werden weit geringer ausfallen, als wenn Sie sich Hals über Kopf in ein Abenteuer mit einem potenziellen Partner stürzen, der zwar höchst attraktiv und anziehend auf Sie wirkt, aber sonst so gar nicht ihren Erwartungen entspricht.

Befinden Sie sich bereits in einer Beziehung und haben das Gefühl, wichtige realistische Bedürfnisse werden nicht erfüllt, dann sollten Sie offen mit Ihrem Partner darüber reden, um eine Lösung zu finden. Selbst wenn es sich um einen Kompromiss handelt, ist das immer noch besser, als still vor sich hin zu leiden oder aufzurechnen.

Vergessen Sie aber bitte nicht, darüber nachzudenken, was für Qualitäten Sie selbst in die Beziehung einbringen und inwieweit Sie sich wünschen, Ihr Partner möge auch mit Ihren Schwächen und Schrulligkeiten klarkommen. Im Hinblick auf die eigenen Schwächen relativiert sich so manche Erwartung an den Partner, und es fällt Ihnen dann vielleicht etwas leichter, Ihren Partner so zu akzeptieren, wie er ist. Beantworten Sie sich auch die Frage: »Wie viel Wertschätzung bringe ich meinem Partner entgegen?« Und zwar, ohne vorher danach zu fragen, ob er Ihnen Wertschätzung erweist.

Liebe liebt Klarheit

Ich lebe in einem Neubaugebiet und bin umgeben von jungen Familien. Die Väter sieht man nach der Arbeit in Arbeitskleidung im Garten werkeln und die Mütter in überweiten Hosen und Pullis die Kinder füttern oder spazieren fahren. Es sind liebenswerte Menschen, und ich kann mich glücklich schätzen, ein Teil dieser Gemeinschaft zu sein, obwohl ich diese Lebensphase schon längst hinter mir habe. Aber manchmal frage ich mich, ob diese jungen Menschen noch ihre Träume im Herzen haben oder ob sie in der Realität, im Kopf, angekommen sind. Ob ihre Beziehungen halten werden und sie mit dem, was sie haben, auch wirklich glücklich sind. Ich hoffe und wünsche es. Dennoch ist die Wahrscheinlichkeit groß, dass manche dieser Beziehungen in die Brüche gehen werden, weil das tatsächliche Bild nicht mehr mit den eigenen Vorstellungen übereinstimmt und die Hoffnung auf Änderung aufgegeben wurde. Daneben wird es noch die Beziehungen geben, die bestehen bleiben, sei es der Kinder wegen oder weil eine Trennung aus moralischen oder anderweitigen Gründen nicht infrage kommt.

Nur ein verschwindend kleiner Teil dieser Paare wird glücklich und zufrieden sein, einfach weil sie zusammen sind und ihr Leben miteinander teilen können. Ich möchte behaupten, von diesen Letzteren sind die meisten mit Verstand in die Beziehung gegangen. Sie haben klare Vorstellungen, was sie von einer partnerschaftlichen Zukunft erwarten. Und sie haben eine realistische Zukunftsvision, die mit dem potenziellen Partner abgeglichen wurde. Es war von Anfang an klar, ob man Kinder haben wollte oder nicht, ob man in gewissen Bereichen Verzicht üben wollte für ein größeres gemeinsames Ziel oder nicht. Und es war klar, dass es Höhen und Tiefen geben würde, die es gemeinsam zu bewältigen gilt. All diese Überlegungen haben etwas mit dem Verstand zu tun und weniger mit dem Herzen. Wenn den jungen Paaren dies von Anfang an bewusst ist und sie danach handeln, ist die Chance auf ein langes Glück weit größer, als wenn sie sich in Träumereien verlieren, die am Ende eine große Enttäuschung und seelische Schmerzen nach sich ziehen.

Es gibt natürlich auch die Paare, die nach der Vorstellung der romantischen Liebe tatsächlich von der Phase des Verliebtseins zur Liebe gelangen und unterm Strich eine glückliche und zufriedene Zweisamkeit leben. Das ist der Königsweg, aber er ist ein wunderbarer Zufall und eben nicht die Regel. Wer auf diesen Zufall warten möchte, kann das gerne tun; wer aber die Sache selbst in die Hand nehmen möchte, sollte strategisch und mit wachem Verstand vorgehen und sich dabei nicht beirren lassen.

Verena lernte vor ein paar Monaten Oliver kennen. Schon beim ersten Date erklärte er ihr ohne Umschweife, aber mit freundlicher Bestimmtheit, er suche eine Lebenspartnerin, die mit ihm Kinder haben wolle, Familiensinn habe und akzeptieren könne, dass seine Eltern im selben Haus leben werden. Bei allen rationellen Überlegungen, die er hatte, war unübersehbar, wie begeistert er von Verena war. Nun lag es an ihr zu entscheiden, ob Olivers Lebensplan mit ihrem eigenen kompatibel war.

Es gab viele Übereinstimmungen in Sachen Lebensansichten und Werte. Auch die Sportlichkeit teilten sie und die Liebe zu den Bergen. Allerdings will Verena keine Kinder, und sie ist auch nicht der Typ von Frau, die gerne zusammen in einem Haus mit den Schwiegereltern lebt.

Man könnte sicher vertreten: Die beiden haben sich ineinander verliebt, und es gibt viele Gemeinsamkeiten, da wird sich der Rest schon finden. Mag sein, aber es wird höchstwahrscheinlich ein fader Kompromiss sein, bei dem einer der beiden der Verlierer sein wird. Bei einem so wichtigen Thema wie der Familienplanung gibt es leider keine echten Kompromisse. Hier sollte eine klare Entscheidung getroffen werden, auch wenn es in der Phase der Verliebtheit schmerzt. Langfristig betrachtet, wird sonst einer der Partner unglücklich werden, weil ein wichtiges Bedürfnis unerfüllt bleibt. Ein schlechter Kompromiss in einer Frage, in der es eigentlich keine Kompromisse gibt, ist keine gute Basis für die Liebe, sondern ein unüberlegtes Handeln, bei dem der vorübergehende Kick der Verliebtheit stärker gewichtet wird als die Entwicklung von Liebe.

Oliver macht es grundsätzlich richtig. Er hat eine Prioritätenliste, und ganz oben steht für ihn die Familienplanung. Wenn er eine erfüllte Partnerschaft anstrebt, dann sollte er seiner Liste treu bleiben und nur bei den Punkten Kompromisse eingehen, die ihm nicht ganz so wichtig sind. Der eine oder andere wird mit dieser Vorgehensweise sicherlich nicht einverstanden sein. Das kann ich verstehen, weil so viel Pragmatismus einen faden Beigeschmack haben kann: der Partner als Erfüllungsinstrument für die eigenen Wunschvorstellungen. Das klingt wenig romantisch. Unromantisch ist es aber nur dann, wenn es zwischen den Partnern keine Übereinstimmung gibt. Ganz anders liegt die Sache, wenn beide den Kinderwunsch teilen und es begrüßen, im Haus der (Schwieger-)Eltern zu wohnen, etwa weil sie sich davon einen einfacheren (finanziellen) Start in die Familiengründung versprechen. Ticken also beide gleich, wird keiner sich instrumentalisiert fühlen, sondern die beiden werden sich als Team verstehen, das einen gemeinsamen Lebensplan verfolgt.

Vielleicht leben Sie in einer Partnerschaft und sind unzufrieden, weil sich etwas verändert hat. Sie vermissen die Unbeschwertheit der Verliebtheit, das gemeinsame Lachen und die Leidenschaft, die Sie früher mit Ihrem Partner verband. Die Pläne, die Sie hatten, haben sich möglicherweise verändert, weil unerwartete Wendungen Ihrem Leben eine andere Richtung gegeben haben. Sie fragen sich inzwischen, ob das, was Sie haben, eigentlich noch das Leben ist, das Sie führen wollten. Sie sind auf diejenigen Aspekte in Ihrer Beziehung fokussiert, die ein bitteres Gefühl hinterlassen. Die positiven Aspekte sind in den Hintergrund getreten und nicht mehr Teil Ihres Bewusstseins. Der negative Blick auf Ihre Beziehung überwiegt.

Darf ich Ihnen eine Frage stellen? Sie lautet: Warum lassen Sie sich von Ihren Gefühlen so sehr vereinnahmen? Ihr Partner ist immer noch derselbe. Vielleicht lebt er gerade eine andere Seite von sich, weil Sie das auch tun. Aber das, was Sie früher an ihm geschätzt haben, ist nicht einfach weg. Es ist nur weggesperrt oder unter den vielen Verpflichtungen verschüttgegangen. Möglicherweise waren Sie beide nachlässig und haben vieles in Ihrer Beziehung als selbstverständlich hingenommen.

Wie wäre es, wenn Sie an dieser Stelle die Checkliste Ihrer Erwartungen verfassen? Vielleicht können Sie auch Ihren Partner dazu bewegen. Machen Sie dann gemeinsam Inventur. Klären Sie, was Sie gemeinsam ändern können und welchen Kurs Sie in Zukunft nehmen wollen. Um zu verdeutlichen, was jeder dazu beitragen kann, fertigen Sie ein Plakat an wie im Beispiel der Abbildung 4 (Karsten, an dieser Stelle vielen Dank für die Idee!). Zeichnen Sie auf, was Sie selbst besser machen können, und lassen Sie Ihren Partner aufzeichnen, wo er etwas besser machen kann.

Abbildung 4

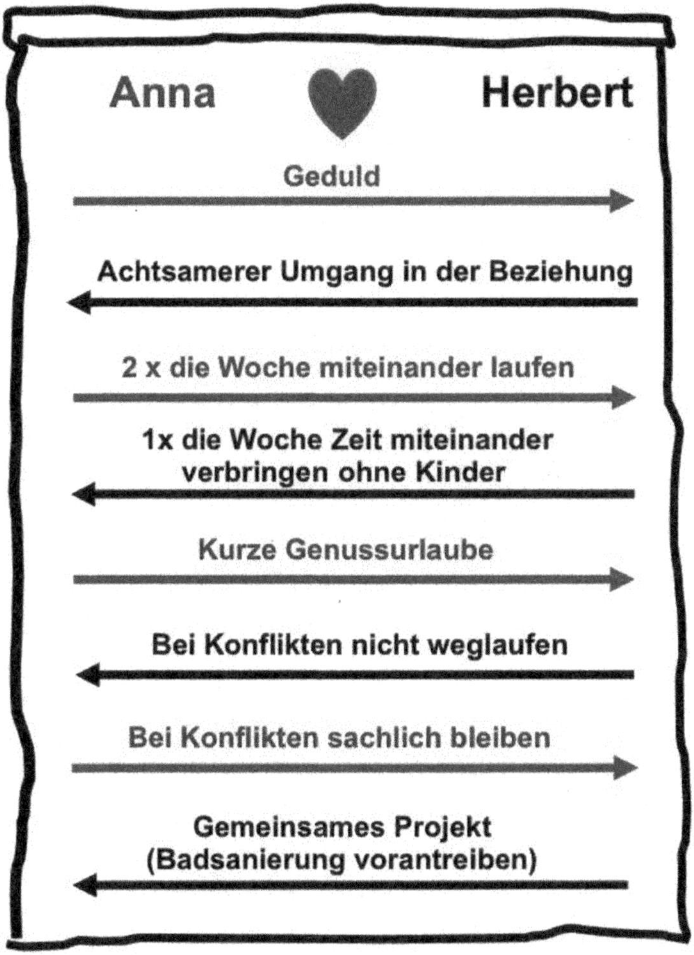

In unserem Beispiel vermisst Anna mehr Achtsamkeit im Umgang miteinander. Sie erlebt Herbert oft als gehetzt und wenig präsent, was sie immer öfter gereizt und ungeduldig werden lässt. Darüber klagt dann wiederum Herbert. An diesen beiden Punkten kann man sehr schön erkennen, wie das Verhalten des einen Partners das Verhalten des anderen beeinflusst. Herbert sollte also in Sachen Achtsamkeit mehr auf Anna zukommen und Anne auf Herbert, was die Geduld betrifft.

Herbert möchte gerne wieder sportlicher werden und wünscht sich dabei Unterstützung durch Anna. Im Gespräch darüber finden die beiden heraus, dass Anna sich Zeit mit Herbert ohne die Kinder wünscht. Das gemeinsame Laufen wäre schon einmal ein guter Anfang, und wenn sich nach dem Joggen noch ein gemeinsamer Abend anschließt, sind die Bedürfnisse von beiden erfüllt, und das ohne große Anstrengung.

Herbert wünscht sich hin und wieder eine Auszeit vom Alltag. Er ist der Meinung, ein gelegentlicher Kurzurlaub würde ihn und Anna wieder mehr zueinanderfinden lassen, und beide wären dann vielleicht etwas entspannter und weniger gereizt. Anna findet die Idee gut, zumal für einen großen Urlaub weder Zeit noch Geld vorhanden ist. Und für zwei Tage Auszeit könnten sie die Kinder auch bei Freunden unterbringen.

Konflikte werden von Anna und Herbert nur selten konstruktiv ausgetragen. Herbert verlässt den Raum, sobald Anna emotional und laut wird, was Anna noch mehr aufbringt. Meistens folgt sie ihm dann und redet unablässig auf ihn ein, was Herbert dazu veranlasst, sich noch mehr zurückzuziehen. Er schaltet einfach ab, wenn es nicht mehr anders geht.

Anna muss lernen, sich erst einmal zu beruhigen und zu versuchen, den Konflikt sachlich anzugehen. Dabei ist es hilfreich, wenn sie bei sich selbst bleibt und sogenannte Ich-Botschaften sendet, also keine Anklagen nach dem Schema »Du bist schuld, du bist schlecht, du machst es falsch«, sondern Aussagen, die auf sie selbst fokussieren, wie »Mir geht es nicht gut, wenn du …«, »Ich möchte das gerne anders haben« oder »Ich würde mir das anders wünschen«.

Das ist keine leichte Aufgabe. Ich möchte sogar behaupten, die sachliche Kommunikation in Konflikten ist eine der schwierigsten Aufgaben in einer Beziehung und erfordert von beiden Seiten sehr viel Disziplin, Selbstreflexion und den unbedingten Willen, sich gegenseitig mit Achtsamkeit zu begegnen, auch wenn es nicht immer ohne Verletzungen geht.

Für Herbert bedeutet das, Annas unsachliche Ausbrüche auch einmal auszuhalten und ihr zu helfen, sich zu beruhigen. Das ist manchmal einfacher, als man denkt. Eine einfache Frage wie »Was brauchst du von mir?« kann vieles entschärfen, weil sich das Gegenüber dann besser wahrgenommen fühlt. Wenn es mit der achtsamen und respektvollen Kommunikation einfach nicht klappen will, wäre ein entsprechendes Training bei einem Coach sicher eine gute Investition in die Zukunft.

Anna wünscht sich schon lange eine Badsanierung. Auch Herbert ist der Meinung, das müsste mal getan werden, sah aber darin bisher keine Priorität. Es wäre aber ein schönes Projekt, um neue Kommunikationswege zueinander einzuüben. Darüber hinaus können Herbert und Anna sich beispielsweise ein genussvolles Bad zu zweit in der neuen Badewanne vorstellen. Beide dürfen hier ihrer Fantasie freien Lauf lassen. Auch wenn sich vielleicht nicht alles entsprechend realisieren lässt, sollte man die positiven Auswirkungen eines gemeinsamen Projekts auf die Partnerschaft nicht unterschätzen, vorausgesetzt, es handelt sich um ein gut bewältigbares Projekt. Darauf sollte man unbedingt achten, sonst wird aus (Vor-)Freude Frust und Ärger, was dann wiederum entsprechende Konflikte nach sich zieht.

Auch wenn es etwas Arbeit macht: Es lohnt sich, die eigenen Wünsche aufzuschreiben, weil es wenig hilft, die Dinge nur im Kopf zu haben. Da dümpeln sie nur ungenutzt vor sich hin. Vielleicht wurde der eine oder andere Wunsch auch schon einmal ausgesprochen, geriet dann aber doch wieder in Vergessenheit. Notieren Sie Ihre Wünsche am besten gemeinsam mit Ihrem Partner. Sie können sich die Notizen aufhängen, damit diese für Ihre Beziehung bedeutenden Dinge nicht vergessen werden. Räumen Sie Ihren Wünschen einen wichtigen Platz in Ihrem Leben ein.

Zugegeben, das ist eine etwas unkonventionelle Art, an Beziehungsproblemen heranzugehen, aber auch hier gilt: Der Zweck heiligt die Mittel. Deshalb ist es vollkommen egal, ob es den allgemeinen Vorstellungen entspricht, wie Sie Ihre Probleme lösen. Wichtig ist am Ende nur das Ergebnis, und dafür dürfen Sie auch einmal etwas Neues wagen.

PERSÖNLICHKEITSKOMPATIBILITÄT – BIG FIVE, BIG LOVE?

In den letzten Kapiteln habe ich über die Voraussetzungen geschrieben, die es braucht, damit Liebe entstehen kann. Diese Voraussetzungen haben Sie selbst in der Hand, sofern Sie bei der Wahl Ihres Partners die richtige Entscheidung treffen oder in einer bestehenden Beziehung entsprechend daran arbeiten. Anders sieht es mit der Persönlichkeitsstruktur aus. Hier haben wir nicht so viele Gestaltungsmöglichkeiten, weshalb es sich lohnt, genauer hinzuschauen, damit Sie sich für den richtigen Partner entscheiden oder aber die Persönlichkeit des Partners, mit dem Sie schon in einer Beziehung sind, besser verstehen.

Persönlichkeitstendenzen – wer wir sind

Das Persönlichkeitsmodell der Big Five geht von fünf Persönlichkeitstypen aus, die anhand bestimmter Grundeigenschaften bestimmt werden. Das sind Neurotizismus, Extraversion, Verträglichkeit, Gewissenhaftigkeit und Offenheit für Erfahrungen (siehe Abbildung 5). Die meisten Menschen lassen sich in diese fünf Persönlichkeitstypen einordnen, unabhängig davon, an welchem Ort dieser Welt sie geboren wurden und welcher ethnischen Gruppe sie sich zugehörig fühlen. Das Big-Five-Modell ist das wissenschaftlich am besten untersuchte Persönlichkeitsmodell und wurde in zahlreichen Studien immer wieder bestätigt und für weitgehend zuverlässig befunden. Deshalb ist dieses Modell unter anderem auch eine gute Orientierungshilfe, wenn es um die Suche nach dem richtigen Partner geht – oder um die Analyse bereits bestehender Partnerschaften, um zu verstehen, warum der andere so und nicht anders tickt. Doch auch bei diesem Modell gilt: Der Mensch ist facettenreich; ein Modell kann nicht das ganze Spektrum einer Persönlichkeit abdecken, aber es kann hilfreiche Hinweise geben, in welche Richtung ein Mensch tendiert, und damit ein Bewusstsein schaffen, ob man in Bezug auf bestimmte grundlegende Persönlichkeitsstrukturen zusammenpasst.

Partner, deren Persönlichkeiten ähnlich strukturiert sind, haben eine größere Chance auf eine glückliche Beziehung als Partner, die sich stark voneinander unterscheiden. Allerdings gibt es Ausnahmen. Zwei gänzlich introvertierte oder extravertierte Persönlichkeiten und zwei mit ausgeprägtem Neurotizismus sehen die Experten als keine sehr erfolgversprechende Paarung an. Allerdings kann auch eine sehr starke Gegensätzlichkeit in diesen Persönlichkeitsdimensionen zum Problem werden.

Man sollte grundsätzlich beachten, dass unsere Persönlichkeit meist eine Mischung aus allen fünf Persönlichkeitsdimensionen ist, wobei es Tendenzen in die eine oder andere Richtung gibt. In welche Richtung wir tendieren, ist auch ausschlaggebend dafür, ob und in welchem Maße wir optimistisch sind, Glück empfinden können oder Lebenszufriedenheit entwickeln. Auch wenn wir stark zu einer Richtung neigen, kann eine andere Tendenz diese Neigung wieder abschwächen.

Die neurotizistische Persönlichkeit

Neurotizistische Persönlichkeiten neigen zu mehr Ängstlichkeit als andere Persönlichkeitstypen und sind emotional instabil. Negative Gefühle ziehen sie fast magisch an, und sie lassen davon

Abbildung 5

Persönlichkeitsdimension	Tendenzen	Persönlichkeitsdimension	Tendenzen
Neurotizismus	Ängstlich, emotional instabil, reizbar, depressiv, unsicher, sensibel.	Resilienz	Selten ängstlich oder besorgt, ausgeglichen, selbstsicher, emotional stabil, robust.
Extraversion	Herzlichkeit, Geselligkeit, Durchsetzungsfähigkeit, Aktivität, Erlebnishunger, Frohsinn.	Introversion	Wenig Drang nach Aktivitäten und häufigem Kontakt mit anderen Menschen. Lieber alleine oder mit ausgewählten Menschen. Wenig Gefühläußerung, zurückhaltend.
Verträglichkeit	Vertrauen, Freimütigkeit, Altruismus, Entgegenkommen, Bescheidenheit, Gutherzigkeit, kooperativ, empathisch, freundlich, rücksichtsvoll.	Unverträglichkeit	Zielorientiert, wenig empathisch, kritisch, misstrauisch, eher rau und kühl. Das eigene Wohlbefinden und die eigenen Ziele stehen im Fokus.
Gewissenhaftigkeit	Kompetent, pflichtbewusst, leistungsorientiert, diszipliniert, ordentlich, konzentriert, strukturiert, perfektionistisch, zuverlässig.	Nachlässigkeit	Leicht ablenkbar, wenig diszipliniert, neigt zur Unordentlichkeit, planlos, oberflächlich, spontan.
Offenheit für Erfahrungen	Offenheit für Fantasie, Ästhetik, Kunst und Kultur, neue Erfahrungen und Ideen, intellektuell, Beschäftigung mit komplexen Zusammenhängen.	Verschlossenheit	Altbewährtes und Traditionelles stehen im Fokus, wenig kreativ und wenig offen für neue Ideen oder die Meinung Dritter. Wenig Interesse an Kunst, Kultur, Fantasie oder komplexen Gedanken und Zusammenhängen. Praktisch und bodenständig.

Die Big-Five-Persönlichkeitsdimensionen und ihre Ausprägungen

auch nicht so schnell ab. Das bedeutet, wenn sie sich um etwas Sorgen machen, sind sie nur schwer zu beruhigen. Sie sind schnell und leicht verletzbar und haben auch hier Schwierigkeiten, sich wieder zu beruhigen. Dieser Persönlichkeitstyp ist schnell in der Opferhaltung und kann auch Stress nicht gut aushalten. Vertreter dieses Typus klagen öfter über körperliche Leiden und sind auch sonst nicht sonderlich belastbar, auch nicht, was Beziehungen betrifft, was nicht zuletzt an ihrer emotionalen Labilität liegt. Die Lebenszufriedenheit liegt deutlich unter dem Normalwert, ebenso wie das Glücksempfinden, was den Umgang mit neurotizistischen Persönlichkeiten nicht einfacher macht.

Woody Allen dürfte der bekannteste Vertreter dieser Charaktereigenschaft sein. In Filmen wie *Der Stadtneurotiker* inszeniert er sich selbst und die diversen Ausdrucksformen des Neurotizismus.

Das andere Ende der Skala des Neurotizismus ist die Resilienz. Resiliente Menschen verfügen über viel innere Stabilität. Sie sind überaus belastbar und ein Fels in der Brandung. Es greift sie so schnell nichts an. Das kann bisweilen bis zur Ignoranz gehen. Allerdings bleiben sie auch in stark belastenden Situationen noch ruhig, während alle anderen in Panik ausbrechen.

Die extravertierte Persönlichkeit

Extravertierte Persönlichkeiten lieben die Geselligkeit, stehen gerne im Mittelpunkt und sind entsprechend kommunikativ. Sie werden als dominant und charismatisch wahrgenommen, aber auch als lebendig und vielseitig. Ihre sozialen Netzwerke sind entsprechend groß und werden von ihnen gepflegt. Sie sind gerne mit vielen Freunden unterwegs und lassen sich ebenso gerne auf Partys und anderweitigen gesellschaftlichen Anlässen sehen. Manchmal werden sie als oberflächlich eingestuft, allerdings sollte man ihre sozialen Kompetenzen nicht unterschätzen. Sie wissen meist recht gut andere für ihre Ideen zu begeistern. Und sie verstehen es, andere Menschen zu motivieren oder aus einer Lethargie zu reißen. Ihre Lebenszufriedenheit und ihr Glücksempfinden steht meist in Abhängigkeit zu den sozialen Kontakten, die sie pflegen. Da sie aber keine Probleme haben, Kontakte zu knüpfen, gehen sie im Allgemeinen nicht alleine durchs Leben, weshalb man sich diesbezüglich weniger Sorgen machen muss als bei den Neurotizisten.

Das andere Ende der Skala ist die Introvertiertheit. Introvertiert zu sein bedeutet jedoch nicht, dass man die Öffentlichkeit meidet. Introvertierte Menschen sind vielleicht nicht so kommunikativ wie extravertierte Menschen, und sie brauchen die Öffentlichkeit nicht, um sich wohlzufühlen, aber in einer kleinen Gruppe können sie dennoch sehr gesprächig werden. Meist plappern sie nicht einfach drauflos, sondern überlegen sich, was sie sagen möchten. Ist das nicht möglich, schweigen sie lieber. Ihre Orientierung ist mehr immaterieller Natur, und sie strahlen Ruhe und Besonnenheit aus. Das mag langweilig klingen, aber ich persönlich schätze introvertierte Menschen und die interessanten Gespräche, die ich schon oft mit ihnen führen durfte. Ihr Glücksempfinden mag nicht so hoch ausschlagen wie das der Extravertierten, aber ihre Lebenszufriedenheit ist in der Regel beständiger und weniger von äußeren Umständen abhängig.

Die verträgliche Persönlichkeit

Verträgliche Persönlichkeiten sind meist sehr einfühlsam und verständnisvoll. Sie opfern sich für andere auf, ohne zu klagen, und gehören eher zu den gebenden als zu den nehmenden Menschen. Sie sind angepasst und kooperativ und halten sich weitgehend aus Konflikten raus. Man findet sie in den zahllosen Ehrenämtern wie auch in sozialen Berufen. Und immer dort, wo eine helfende Hand gebraucht wird.

In Beziehungen stecken sie lieber zurück und suchen den harmonischen Ausgleich. Es ist schwer, nicht mit ihnen auszukommen. In der Regel sind sie mit ihrem Leben zufrieden, weil sie das, was sie tun, als sinnhaft erleben. Sie sind deshalb in besonderem Maße empfänglich für Glücksmomente. Am anderen Ende der Skala befinden sich die weniger verträglichen Zeitgenossen. Das sind die aggressiven, auf Konkurrenz und Wettbewerb programmierten Krawallmacher. Sie kümmern sich im Allgemeinen wenig um andere; ihr Hemd ist ihnen näher als die Hose. Sie sind misstrauisch und nachtragend. Viele von ihnen tummeln sich in hohen Führungspositionen oder in der Politik. Sie sind anfälliger für Krankheiten, und ihre Lebenszufriedenheit beschränkt sich auf Glücksmomente in Abhängigkeit von Machtstreben und erreichten Zielen. Der bekannteste Vertreter dieses Typus dürfte der derzeit amtierende Präsident der Vereinigten Staaten sein.

Die gewissenhafte Persönlichkeit

Gewissenhafte Persönlichkeiten sind zielstrebig und zuverlässig. Auch sie finden Erfüllung in dem, was sie tun, weil sie mit Ehrgeiz und der nötigen Disziplin ihre Aufgaben erfüllen. Dabei geht es ihnen nicht um den Wettbewerb wie bei den wenig Verträglichen, sondern um die Sache selbst. Sie können recht penibel sein und lassen nicht locker, bis das Ergebnis ihren Vorstellungen entspricht. Haben sie etwas perfekt zum Abschluss gebracht, macht sie das glücklich und zufrieden. Und weil sie bereit sind, dafür hart zu arbeiten, ist das Ergebnis auch meist gut. Gewissenhaft und zuverlässig sind sie zudem im Umgang mit ihren Mitmenschen. Emotional zeigen sie sich stabil und neigen nicht zu unüberlegtem Handeln. Sie stehen zu ihrem Wort und handeln höchst verantwortungsbewusst. Man findet sie vermehrt unter Chirurgen, Uhrmachern und bei Tätigkeiten, die höchste Präzision erfordern.

Ihre Lebenszufriedenheit und ihr Glücksempfinden schöpfen sie meist aus ihren Aufgaben.

Den Gegenpol bilden die Persönlichkeiten, deren Gewissenhaftigkeit nur gering ausgeprägt ist. Sie leben aus dem Moment heraus, und ihr Schaffensdrang richtet sich nach ihren Energieschüben, die zuweilen recht unregelmäßig sind, aber gerade bei Künstlern ihren unmittelbaren Ausdruck in ihren Werken finden. Weil aber ihr Durchhaltevermögen nicht sehr ausgeprägt ist, scheitern viele der weniger Gewissenhaften an der Umsetzung ihrer Vorhaben oder verlieren sich irgendwo unterwegs. Die wenig Gewissenhaften legen sich nur ungern fest und leben eher nach dem hedonistischen Prinzip. Der Moment zählt, und daraus schöpfen sie auch ihr flüchtiges Glücksempfinden. Eine beständige Lebenszufriedenheit ist bei ihnen eher nicht zu erwarten.

Die offene Persönlichkeit

Offene Persönlichkeiten sind neugierig, wissbegierig und vorbehaltlos gegenüber neuen Erfahrungen. Man könnte sagen, sie sind vielseitig interessiert, intellektuell und hinterfragen auch mal gerne bestehende Normen. Sie nehmen Gefühlszustände, innere wie äußere, sehr gut wahr und können sie gut reflektieren. Die Auseinandersetzung mit intellektuellen Themen und unkonventionellen Ideen macht ihnen Freude, und sie probieren auch gerne neue Hobbys aus. Eine Neigung zur Fantasie und Ästhetik runden diesen Persönlichkeitstypus ab. Menschen mit einer offenen Persönlichkeit wissen genau, was sie wollen, und bringen das auch klar zum Ausdruck. Man weiß bei ihnen meist, woran man ist, das macht sie im Umgang unkompliziert und als Partner attraktiv. Ihre Glücksmomente finden sie in interessanten Diskussionen und wenn ihre Neugierde gestillt wird. Entsprechend hoch ist auch ihre Lebenszufriedenheit.

Im Gegensatz dazu steht die verschlossene Persönlichkeit. Sie liebt Altbewährtes und lässt sich nicht gerne auf neue Abenteuer ein. Menschen mit einer verschlossenen Persönlichkeit akzeptieren Autoritäten und hinterfragen selten deren Handeln. Sie sind konservativ und halten sich an Werte, Traditionen und Normen. Und sie leben lieber auf der sicheren Seite, weshalb sie kein Risiko eingehen. Wenn sie sich sicher fühlen und ihre Kreise nicht gestört werden, haben sie durchaus eine hohe Lebenszufriedenheit. Dazu gehört auch eine langfristige Beziehung mit einem Partner, der ihnen vertraut ist und den sie gut einschätzen können. Sie brauchen keine großen Reisen oder Extravaganzen, um sich glücklich zu fühlen. Das kleine Glück, das nicht viel Aufhebens macht, reicht ihnen vollkommen.

Finden Sie heraus, wo Ihre Persönlichkeit unter den Big Five zu finden ist

Zwischen den Extremen der Persönlichkeiten ist die Bandbreite der Ausprägungen beliebig. Dennoch tendieren wir alle bei den genannten Eigenschaften mehr zu der einen oder anderen Seite. Selten befinden sich alle Persönlichkeitstendenzen im Mittelmaß. Aber wie fast immer im Leben macht eine gesunde Mischung das Glück und die Zufriedenheit. Ein introvertierter Mensch kann deshalb weltoffen und neugierig sein wie auch Interesse an den schönen Dingen des Lebens haben. Und ein extravertierter Mensch kann sich an Altbewährtem festhalten und starren Regeln folgen.

Wenn Sie möchten, können Sie an dieser Stelle herausfinden, wo Ihre Persönlichkeit in den Big Five angesiedelt ist. Den Link dazu finden Sie im Anhang auf Seite 211 Im nächsten Kapitel erfahren Sie dann, welche Persönlichkeiten am besten zusammenpassen.

Ich habe selbst zwei dieser Persönlichkeitstests gemacht: einmal den Test der US-amerikanischen Anthropologin Helen Fisher mit ihren vier Persönlichkeitstypen – dem dopaminlastigen Entdecker, dem serotoninlastigen Gründer, dem testosteronlastigen Wegbereiter und dem östrogenlastigen Diplomaten – und natürlich auch den Big-Five-Test.

Fisher betont in ihrem Buch *Die vier Typen der Liebe. Wer zu wem passt und warum*, dass es sich bei den vier Persönlichkeitstypen um genetisch festgelegte Persönlichkeitsneigungen handelt. Allerdings gibt es auch Forschungsrichtungen, die behaupten, eine genetische Disposition zu einer bestimmten Persönlichkeit sei nicht in Stein gemeißelt. Soll heißen, unsere Persönlichkeit formt sich auch durch Erziehung, das kulturelle und soziale Umfeld. Wie auch immer, als Erwachsene sind wir ein weitgehend fertiger Charakter, weshalb es für unser Thema erst einmal unerheblich ist, wie wir zu dem geworden sind, was wir sind.

Darüber hinaus besitzt jeder Mensch eine »Black Box«, egal, wie er gestrickt ist. Auch wenn eine Person beispielsweise mit Offenheit und einem verträglichen Charakter durchs Leben geht, kann es durchaus Bereiche geben, die sie verschlossen hält, und Bereiche, die, wenn sie durch bestimmte Auslöser zum Vorschein kommen, wenig verträglich erscheinen. Am Ende kann man sich deshalb nie ganz sicher sein, wie ein Individuum auf bestimmte, nicht alltägliche Situationen reagiert. Und klar ist auch, dass jede Beziehung eine andere Qualität hat, weil wir in Wechselwirkung mit unserem Gegenüber stehen. Trotzdem können Persönlichkeitstests eine solide Grundlage bilden, um uns einmal intensiver mit uns selbst zu befassen sowie damit, wer zu uns passen könnte.

Beim Selbstversuch mit den Big Five wurde ich darin bestätigt, wie ich mich selbst sehe. Bei der Extraversion habe ich eine hohe

Punktzahl erreicht, gefolgt von Offenheit und Verträglichkeit mit der gleichen Punktzahl. Mit der Gewissenhaftigkeit habe ich es angeblich nicht so, dennoch erreichte ich auch hier einen akzeptablen Punktwert, mit dem es sich gut leben lässt. Zum Neurotizismus neige ich hingegen nur in geringem Ausmaß.

Doch auch wenn ich ein extravertierter Mensch bin, liebe ich hin und wieder den Rückzug und die Stille. Sicher nicht für Wochen, aber durchaus für ein paar Tage. In der Regel achte ich auch auf Ausgewogenheit in der Kommunikation. Ich bin eine gute Zuhörerin und kann auch unterhaltsam sein, wenn die Situation entsprechend ist. Und selbst wenn Buchhaltung nicht meine Leidenschaft ist, so sind meine Ausgaben und Einnahmen genau aufgelistet, die dazugehörigen Unterlagen sortiert und entsprechend abgeheftet als gut strukturierte Vorbereitung für meine Steuerberaterin, was mit der erreichten Punktzahl in Sachen Gewissenhaftigkeit immerhin noch funktioniert.

Auch wenn also die Tests durchaus brauchbar sind und ich mich für *Hochzeit auf den ersten Blick* intensiv mit einschlägigen psychologischen Tests beschäftigt habe, bin ich der Meinung, dass diese Tests der Vielschichtigkeit der menschlichen Psyche nicht gerecht werden. Am Ende braucht es immer noch das Gespräch, die Reflexion durch andere Menschen und die Selbsterkenntnis. Wer extravertiert ist, wird das wissen, und das gilt auch für Introvertierte. Allerdings werden, wie in den meisten sozialen Konstellationen, in Beziehungen die Rollen verteilt. Kommen beispielsweise zwei Extravertierte zusammen, dann wird einer sich etwas mehr zurücknehmen und weniger extravertiert sein, als dies der Fall wäre, wenn er mit einem introvertierten Menschen zusammen wäre. Passiert das nicht, dann wird es zu unüberwindbaren Konflikten kommen, weil beide Extravertierten ihren Platz mit Zähnen und Klauen verteidigen werden.

Wer passt zu wem?

Da wir Menschen sehr facettenreich sind, kann die Persönlichkeitsbestimmung nur ein Wegweiser für die Partnerwahl sein. Den Weg gehen müssen Sie selbst, und was Ihnen am Ende dort begegnet, lässt sich auch mit einem Test nicht vorhersagen. Dann aber zählen die Bereitschaft, an einer Beziehung gemeinsam zu arbeiten, und der Wille, sie erfolgreich zu gestalten.

Dennoch: Laut einschlägigen Studien braucht es für eine lange und zufriedene Beziehung Übereinstimmungen in den Persönlichkeitsmerkmalen *Verträglichkeit*, *Gewissenhaftigkeit* und *Offenheit*. Deshalb sind diese Bereiche in den Abbildungen 6 bis 12 dunkler dargestellt. Bringen also beide Partner ein gesundes Maß dieser Eigenschaften mit in die Beziehung, dann ist das schon die halbe Miete.

Aber auch die Persönlichkeitstendenzen *Extraversion* und *Neurotizismus* haben ihren Platz in einer guten Beziehung. Nur sind hier Gegensätze verträglicher als Übereinstimmungen. Beim introvertierten Charakter kann dagegen zu viel Extravertiertheit beim Partner schnell zur Überforderung führen. Hier kommt es darauf an, wie viel Verträglichkeit und Offenheit sein Persönlichkeitsprofil aufweist. Dessen unbeachtet ist ein moderater Temperamentsunterschied für die Lebendigkeit der Beziehung immer wünschenswert.

Es wäre für Sie sicher interessant, wenn Sie einen guten Freund oder eine gute Freundin bitten würden, die Testfragen stellvertretend für Sie zu beantworten, um herauszufinden, wie er/sie Sie sieht. Ich bin mir sicher, bei dem einen oder anderen wird Überraschendes zum Vorschein kommen. Und vielleicht steckt in diesem Aha-Effekt auch eine Chance für eine zurechtgerückte Selbstwahrnehmung und gewisse Erkenntnisse, warum es mit den Beziehungen nicht so recht klappt.

Haben Sie den Persönlichkeitstest gemacht? Dann tragen Sie bitte Ihre Werte in das nachfolgende Schaubild ein.

Haben Sie den Test zusammen mit Ihrem Partner gemacht? Umso besser! Dann tragen Sie die Werte Ihres Partners in einer anderen Farbe ein, um zu sehen, wo es Überschneidungen gibt.

Abbildung 6

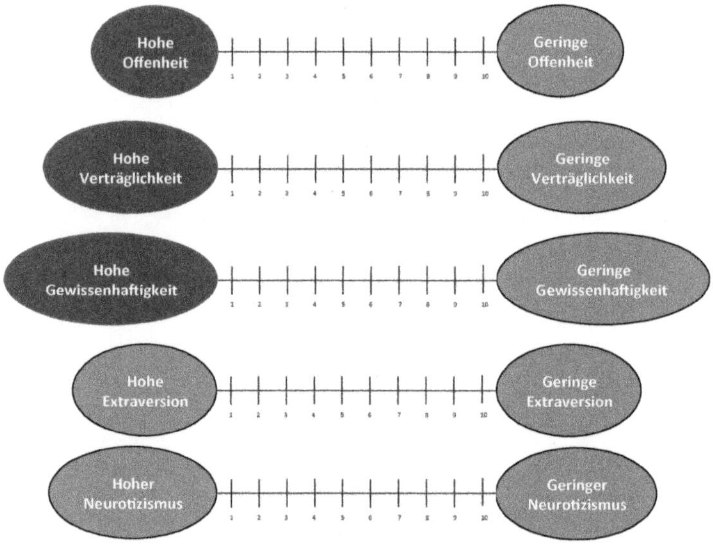

Die nachfolgenden Darstellungen, wer zu wem passt, sind als Beispiele gedacht und sollen Ihnen eine Anregung geben, sich selbst Gedanken darüber zu machen, welches Persönlichkeitsprofil am besten zu Ihnen passen könnte. Abweichungen +/- 1 können Sie getrost akzeptieren, weil das keinen Einfluss auf das Ergebnis hat.

Weitgehende Übereinstimmungen in Gewissenhaftigkeit, Verträglichkeit und Offenheit setze ich dabei voraus.

Wer passt zur neurotizistischen Persönlichkeit?

Diese Persönlichkeit braucht einen ausgleichenden und geduldigen Gegenpart. Am besten kann das mit einem Partner gelingen, der eine hohe Verträglichkeit aufweist und bei der Extraversion im Mittel liegt. Die Gewissenhaftigkeit des Partners sollte gut ausgeprägt sein, aber nicht so weit, dass er distanziert wirkt. Bei der Offenheit sollte der Wert beim Partner ebenfalls mehr in der Mitte liegen. Was die Sensibilität betrifft, ist es gut, wenn gerade genug Neurotizismus bei ihm vorhanden ist, um die Gefühlszustände der neurotizistischen Persönlichkeit zu verstehen. Zugleich aber sollte der Neurotizismus so gering ausgeprägt sein, dass der Partner in der Beziehung für die nötige Stabilität sorgen kann. Eine mögliche Partnerpersönlichkeit für den neurotizistisch geprägten Charakter:

Abbildung 7

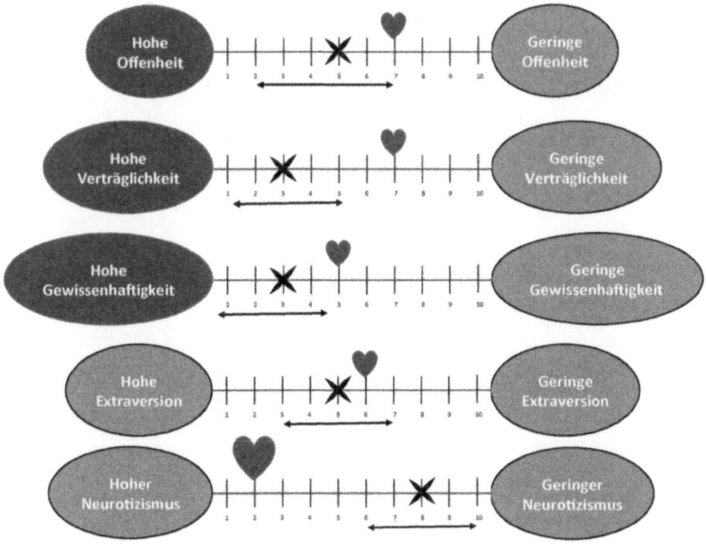

Wie in allen folgenden Abbildungen steht hier das größere Herz für das tragende Persönlichkeitsmerkmal und die kleineren Herzen für die vier weiteren Persönlichkeitsmerkmale und ihre Tendenzen. Die Kreuze stehen für die passenden Persönlichkeitsmerkmale beim Partner. Die Pfeile vermitteln die mögliche Bandbreite der Passung.

Erklärung:
Neurotizistische Persönlichkeiten brauchen einen Gegenpol. Mit ihresgleichen würden sie sich in negativen Gedanken und Ängsten verlieren und möglicherweise in Depressionen versinken oder sich gar gegenseitig in einen emotionalen Overlaod manövrieren. Es braucht also eine verträgliche und sehr beständige Person mit gering ausgeprägtem Neurotizismus, aber auch Einfühlungsvermögen und der Fähigkeit, Strukturen zu schaffen, die Sicherheit und Geborgenheit vermitteln, um die neurotizistische Persönlichkeit aufzufangen und ihr Stabilität zu geben.

Wer passt zur extravertierten Persönlichkeit?

Auch die extravertierte Persönlichkeit braucht einen Gegenpol. Allerdings darf er nicht zu stark in die introvertierte Richtung tendieren. Sehr gut passt deshalb ein Partner mit ein bis zwei Punkten unter dem Mittelmaß bei Extraversion und mit einer tendenziell höheren Ausprägung bei Offenheit. Die Verträglichkeit sollte beim Partner mindestens einen Mittelwert aufweisen. Auch die Gewissenhaftigkeit sollte sich eher im Mittelmaß bewegen. Besonders sensible Menschen sind nicht die idealen Partner für Extravertierte, weshalb bei Neurotizismus der Wert niedrig sein sollte. Eine mögliche Partnerpersönlichkeit für den extravertiert geprägten Charakter:

Abbildung 8

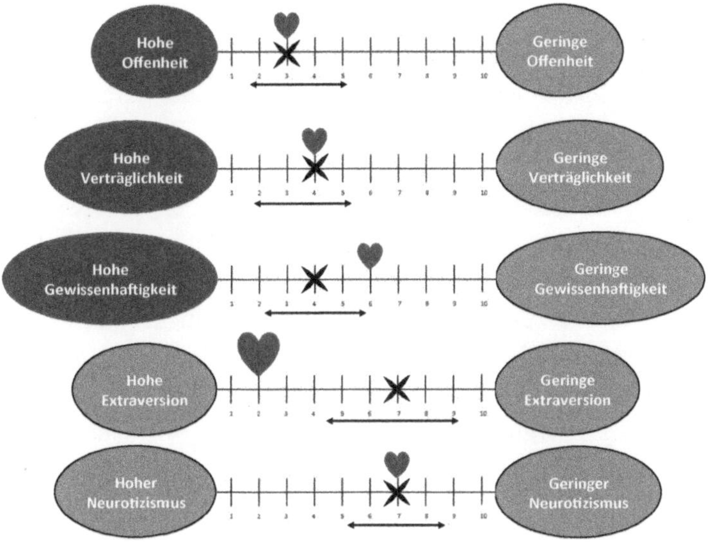

Erklärung:
Extravertierte Persönlichkeiten sind nicht zu überhören und auch nicht zu übersehen. Sie brauchen einen Partner, der damit umgehen kann. Die offene Persönlichkeit kann da am besten mithalten, differenziert aber besser als die extravertierte Persönlichkeit, besonders, wenn er/sie mehr Introvertiertheit mitbringt, was den extravertierten Charakter wiederum in eine bessere Balance bringt und den Introvertiertlastigen mehr in die Lebendigkeit. Dem Extravertierten tut darüber hinaus eine moderat gewissenhafte Persönlichkeit gut, die sein überschießendes Potenzial etwas kompensiert. Weniger passend ist ein Partner, der gleich hohe Werte in Extraversion aufweist. Das könnte zu Konkurrenzkämpfen führen, die in heftigen Konflikten enden. Auch mit dem Zuhören würde es schwierig. Wenn beide Partner

recht kommunikativ sind, wird auch hier mehr Machtkampf als Kooperation die Zweisamkeit dominieren. Ein sehr sensibler Partner würde von einer extravertierten Persönlichkeit überrollt werden und wahrscheinlich kaum Beachtung finden.

Wer passt zur introvertierten Persönlichkeit?

Wie bereits bei Extraversion ausgeführt, sollte es hier etwas Abweichung geben. Dem Introvertierten würde auf Seiten des Partners ein extravertiertes Mittelmaß bis ein oder zwei Punkte über dem Mittelmaß guttun. Der Neurotizismus sollte nicht sonderlich ausgeprägt sein. Und was die Werte bei Offenheit, Verträglichkeit und Gleichklang betrifft, so ist hier eine weitgehende Übereinstimmung eine gute Basis für ein gelingendes Miteinander. Eine mögliche Partnerpersönlichkeit für den introvertierten Charakter:

Abbildung 9

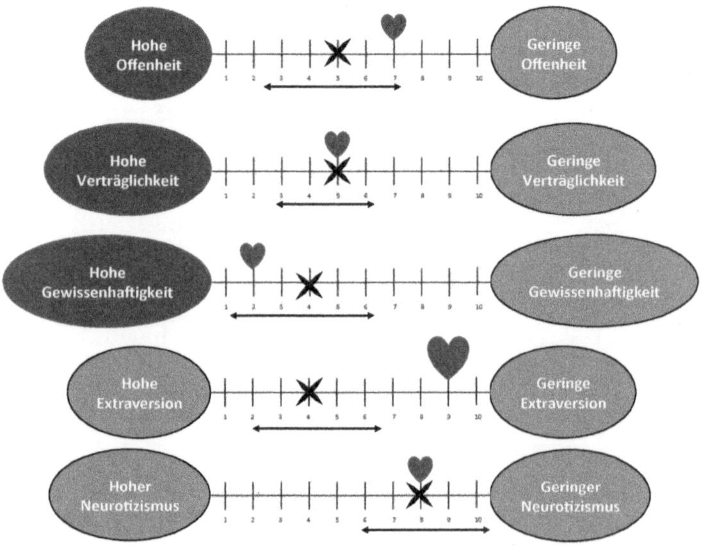

Erklärung:
Die introvertierte Persönlichkeit liebt nicht den großen Auftritt, kann aber durchaus gesellig sein, wenn sie die Möglichkeit dazu geboten bekommt. Eine lebhaftere Persönlichkeit kann ihr diesen Rahmen bieten und dafür sorgen, dass sie genügend soziale Kontakte hat. Im Allgemeinen ist die introvertierte Persönlichkeit auch kein Mensch von vielen Worten. Sie überlegt lieber lange, bevor sie sich zu einem Thema äußert, deshalb sind ihre Worte auch meist fundiert und achtsam platziert. Allerdings kommt diese Persönlichkeit bei Diskussionen oft nicht zu Wort, oder das Thema hat bereits gewechselt, während sie noch über das vorangegangene Thema nachdenkt. In solchen Fällen tut ihr ein einfühlsamer Partner gut, der auch keine Scheu hat, das Wort zu ergreifen, um ihr den Raum für ein Statement zu schaffen. Was eine Paarbeziehung mit einer neurotizistischen Persönlichkeit betrifft, so wäre der Introvertierte damit sicherlich überfordert – es sei denn, er selbst weist im Bereich Neurotizismus einen sehr niedrigen Wert auf.

Wer passt zur gewissenhaften Persönlichkeit?

Hier herrscht am besten so viel Gleichklang wie möglich. Der passende Partner hat demnach ähnlich hohe Werte, was die Gewissenhaftigkeit betrifft. Der Gewissenhafte kommt aber auch mit einer Persönlichkeit ganz gut klar, die ein paar Punkte mehr bei Extraversion aufweisen kann. Wenig anfangen können Gewissenhafte mit geringer Verträglichkeit. Was die Offenheit des Partners betrifft, so ist ihnen hier etwas mehr Zurückhaltung lieber, aber dafür kommen sie mit sensiblen Menschen ganz gut zurecht, sofern die Empfindlichkeit nicht überhandnimmt wie bei der neurotizistischen Persönlichkeit. Eine mögliche Partnerpersönlichkeit für den gewissenhaft geprägten Charakter:

Abbildung 10

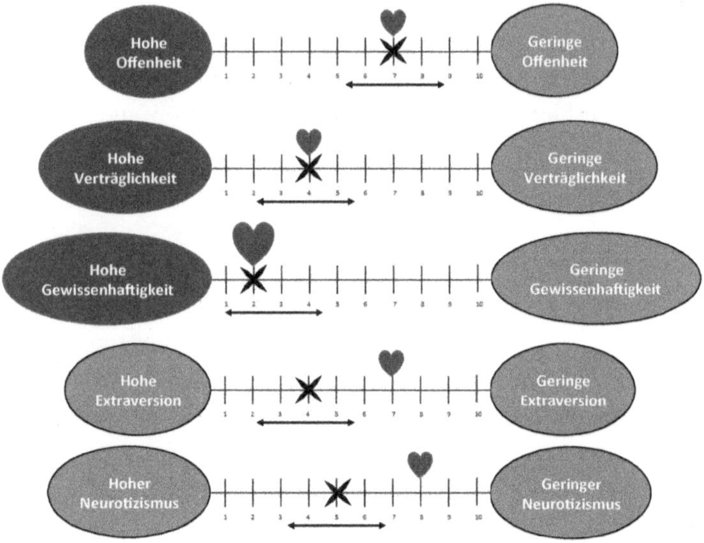

Erklärung:

Die gewissenhafte Persönlichkeit ist perfektionistisch angelegt und in gewisser Weise ein verlässlicher Prinzipienmensch. Sie mag klare Regeln und Strukturen – auch beim Partner. Allerdings mag sie es auch, wenn der Partner etwas lebhafter und emotionaler ist als sie selbst. Das findet diese Persönlichkeit interessanter und auch etwas abwechslungsreicher.

Partner mit geringer Verträglichkeit suchen den Konkurrenz- und Machtkampf, was für den Gewissenhaften schwierig ist, weil diese Charakter nur schwer zu kontrollieren sind.

Wer passt zur verträglichen Persönlichkeit?

Die verträgliche Persönlichkeit ist weit mehr als andere Persönlichkeiten in Gefahr, ausgenutzt zu werden, weshalb für sie wichtig ist, sich für eine ähnlich verträgliche Persönlichkeit zu entscheiden, die gleiche Wert- und Moralvorstellungen aufweist, um nicht auf der Strecke zu bleiben. Ansonsten kommt sie naturgemäß mit allen anderen Persönlichkeiten klar, sofern sie nicht in Extreme abdriften. Doch auch hier gilt wie bei allen anderen Persönlichkeiten, dass Gewissenhaftigkeit, Offenheit und Verträglichkeit bei beiden Partnern weitgehend übereinstimmen sollten. Ein Charakter mit weniger ausgeprägtem Neurotizismus wäre zudem eine gute Ergänzung, um nicht zu sehr im Wälzen von Problemen zu versinken. Eine mögliche Partnerpersönlichkeit für den verträglichen Charakter:

Abbildung 11

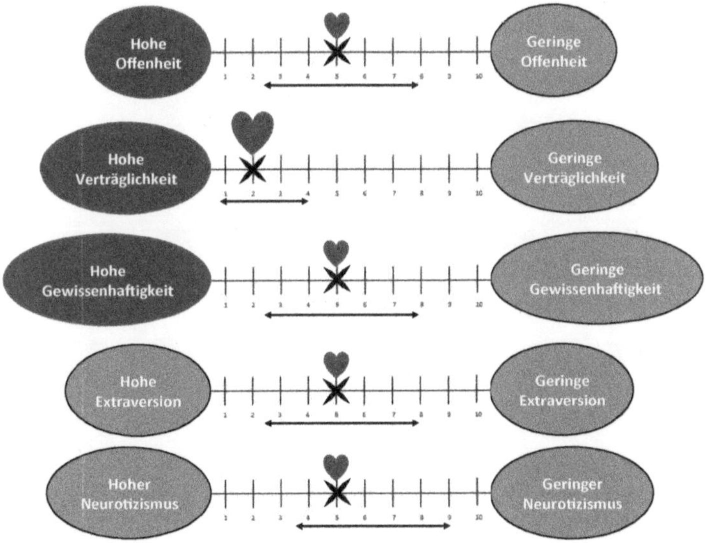

Erklärung:

Die verträgliche Persönlichkeit verausgabt sich gerne für andere und ist meist sozial sehr engagiert. Dabei besteht die Gefahr, sich selbst zu vergessen. Deshalb ist es für sie sinnvoll, einen

Partner an ihrer Seite zu haben, der sie in ihren helfenden Aktivitäten etwas bremst, damit sie nicht ausbrennt. Wenn beide Partner ähnliche Persönlichkeitsstrukturen aufweisen, ist dafür dann das gegenseitige Verständnis für das soziale Engagement sehr hoch, aber auch die Bereitschaft, für den anderen zu sorgen und ihn zu unterstützen.

Wer passt zur offenen Persönlichkeit?

Die geistig rege offene Persönlichkeit entfaltet sich am besten mit ihresgleichen. In Sachen Verträglichkeit sollte es bei ihrem Partner nicht unter den Mittelwert gehen, und bei der Gewissenhaftigkeit reicht ebenfalls der Mittelwert. Dafür kommt sie mit mehr Extraversion recht gut klar, ist aber nicht besonders geduldig mit hohem Neurotizismus. Eine mögliche Partnerpersönlichkeit für den offenen Charakter:

Abbildung 12

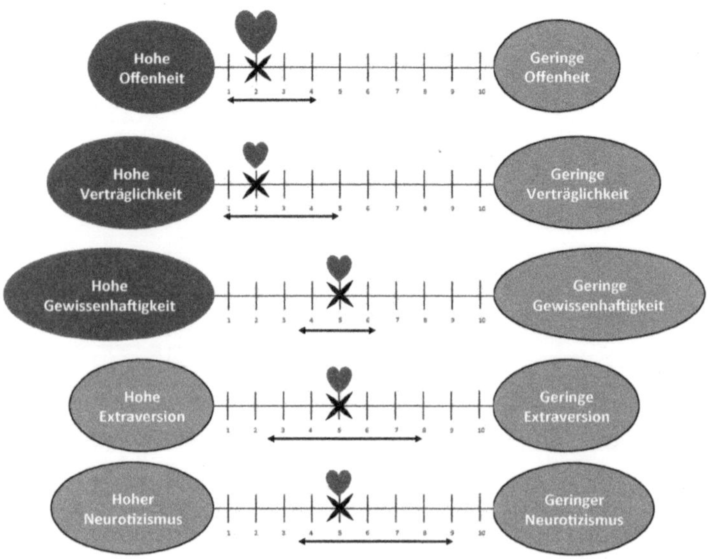

Erklärung:
Wenn zwei offene Persönlichkeiten mit ihren dominanten Charaktereigenschaften aufeinandertreffen, kann sich bei gemeinsamen Aktivitäten und Gedankenaustausch ein richtiger Flow entwickeln. Sie werden viel Freude zusammen haben und eine äußerst erfüllte Beziehung führen. Einer der beiden darf dabei ruhig extravertiert sein, aber nach Möglichkeit mit geringer Ausprägung von Neurotizismus. Ein ausgeprägter Neurotizismus würde die offene Persönlichkeit behindern und in ihrer Entfaltung hemmen, was sie ungeduldig werden ließe.

Grundsätzlich ist kein Persönlichkeitsprofil besser oder schlechter als das andere. Darüber hinaus passt sich unsere Persönlichkeit im Laufe des Lebens an die Umwelt an, in der wir leben, an Entwicklungen, die wir durchmachen, und natürlich auch an das fortschreitende Alter. Und sicher hat auch eine langjährige Beziehung einen Einfluss auf unsere Persönlichkeit, wenn auch nur geringfügig. Sie werden aus einem extravertierten Menschen keinen introvertierten machen, selbst wenn er in der Beziehung vielleicht im Laufe der Zeit etwas leiser wird. Und umgekehrt werden Sie aus einem introvertierten Menschen keinen Partylöwen machen. Deshalb sollten Sie sich darüber im Klaren sein, welche Persönlichkeit Sie vor sich haben und ob sie mit der Ihren kompatibel ist.

Natürlich werden Sie beim ersten Date den Charakter Ihres Gegenübers nur in Ansätzen erkennen können. Um die ganze Bandbreite seiner oder ihrer Persönlichkeit zu erfassen, braucht es Zeit. Die sollten Sie sich auch geben. Unternehmen Sie viel mit dem Menschen Ihrer Wahl. Erleben Sie sein Verhalten in unterschiedlichen Situationen ganz bewusst. Stellen Sie Fragen nach seinen Vorlieben und Abneigungen, ohne aufdringlich zu sein, während Sie Ihre Checkliste im Hinterkopf behalten. Seien

Sie offen mit Ihren eigenen Ansichten und Vorstellungen und natürlich auch mit Ihren Gefühlen, während Sie aufmerksam die Reaktionen des anderen beobachten. Im Laufe der Zeit werden Sie feststellen, ob Sie in Ihren Persönlichkeitsmerkmalen kompatibel sind und ob Ihre Interessen und Lebensziele in die gleiche Richtung gehen.

WIE GEHT ES WEITER?

Sie haben einen potenziellen Partner gefunden, den Sie sympathisch finden und der die meisten Kriterien erfüllt, die für Sie in einer Beziehung wichtig sind? Wunderbar! Sie sind sich auch sicher, dass Sie der Person Ihrer Wahl die »Macken«, die Sie an ihr festgestellt haben, schon noch aberziehen werden? Oder dass bei Ihrem Gegenüber so viel Einsicht und Selbstreflexion vorhanden sind, dass er oder sie selbst in der gewünschten Richtung an sich arbeiten wird?

Falls Sie so denken sollten, werden Sie ganz sicher enttäuscht werden. Auch auf die Gefahr hin, Ihnen auf die Nerven zu gehen, sage ich es dennoch ein weiteres Mal: Menschen ändern sich nicht für andere Menschen, auch nicht für die Menschen, die sie lieben. Sie ändern sich nur, wenn sie mit Weisheit gesegnet sind, oder aus einer großen Not heraus. Und das gilt für alle Menschen, also auch für Sie und Ihren Partner. Sicherlich werden Sie sich in der Beziehung an der einen oder anderen Ecke entwickeln, aber eben nur aus persönlichen Beweggründen oder weil Sie beziehungsweise Ihr Partner selbst einen Nutzen davon haben. Wenn Sie also wirklich etwas bewegen möchten, dann sollten Sie bei sich selbst anfangen. Ändern Sie Ihr Denken und Ihr Verhalten, nur so können Sie hoffen, dass sich auch die Menschen in Ihrem unmittelbaren Umfeld verändern.

Dazu ein Beispiel, das sich so oder ähnlich des Öfteren findet:

Veronika ist eine sehr liebenswerte und aufopfernde Person. Sie ist den ganzen Tag als Sekretärin beschäftigt, am Abend und an den Wochenenden kocht sie für sich und ihren Partner, führt den Haushalt, organisiert die Pflege für ihre Schwiegermutter und hat immer ein offenes Ohr für die Sorgen ihrer erwachsenen Kinder. Viel Zeit für sich selbst bleibt ihr kaum. Es fällt ihr schwer, sich abzugrenzen, weshalb sie oft an ihre physischen und psychischen Grenzen kommt. Ihr Partner Karl hingegen weiß seine Grenzen gut zu verteidigen und zeigt wenig Verständnis, wenn seine Frau jammert.

Veronika ist unglücklich, fühlt sich nicht wahrgenommen und wertgeschätzt. Sie empfindet ihr familiäres Umfeld als undankbar und ihren Partner als Egoisten. Bei der Frage, warum sie sich für alles zuständig fühlt, antwortet sie: »Weil es sonst ja niemand macht.«

Karl wird sich nicht ändern, wenn Veronika sich nicht ändert. Für ihn besteht keine Notwendigkeit, sich zu bewegen, solange alles gut funktioniert. Veronika muss aufhören, sich für alles verantwortlich zu fühlen, und den Mut haben, Dinge auch mal unerledigt zu lassen. Damit gibt sie Karl eine Chance, etwas selbst in die Hand zu nehmen. Möglicherweise wird er es anders machen als Veronika, aber auch das muss sie lernen, gelassen zu nehmen.

Nicht die anderen werden Ihre Welt für Sie verändern – das müssen Sie schon selbst tun. Am Anfang sollten Sie deshalb immer eine Entscheidung treffen. Ohne eine aktive Entscheidung wird es keine Entwicklung geben, und es wird sich auch nichts ändern. Auch nicht in Bezug auf Ihre Partnerwahl.

Entscheidungen treffen, Vertrauen aufbauen

Wir wissen alle, wie wichtig Vertrauen für eine Beziehung ist, dennoch fällt es uns ganz besonders dann schwer, Vertrauen aufzubauen, wenn wir schon einige Enttäuschungen hinter uns haben. Das ist verständlich und nur allzu menschlich. Es ist dem Selbstvertrauen nun einmal nicht sonderlich zuträglich, wenn es Verletzungen aushalten musste und sich dann mit Zweifeln plagt. Sind diese Zweifel noch nicht geklärt, bevor wir uns in eine neue Beziehung begeben, dann sieht sich der neue Partner mit den Altlasten seines Gegenübers konfrontiert und mit dem einhergehenden Misstrauen. Konflikte sind hier vorprogrammiert, wie auch Unterstellungen und die Auseinandersetzung des potenziellen Partners mit irrationalen Ängsten seiner neuen Liebe, welche die Beziehung von Anfang an schwer belasten und ein Miteinander auf Augenhöhe schwierig machen. Aber ganz ehrlich, selbst wenn man ein unbeschriebenes Blatt ist und sich der Selbstwert in einem gesunden Bereich befindet, eine neue Beziehung ist immer aufregend und mit Unsicherheit verbunden. Das ist normal und nicht weiter schlimm, sofern man sich seines Wertes bewusst ist.

Auch wenn das Selbstvertrauen stabil und die vergangene Beziehung aufgearbeitet ist, sollte ein Grundvertrauen auf beiden Seiten dafür sorgen, ein ungesundes Misstrauen gar nicht erst aufkommen zu lassen. Treffen Sie also zu Beginn einer Beziehung die Entscheidung für ein vertrauensvolles Miteinander. Die nachfolgenden zwölf Punkte werden Ihnen dabei helfen.

1. Entscheiden Sie sich für gute Gedanken

Es ist sehr einfach, Fehler und Schwächen beim anderen zu finden, während man selbst natürlich immer alles richtig macht. Damit aber wird man dem Partner nicht gerecht, sondern poliert nur sein eigenes Ego auf. Auf diese Weise bekommen Sie Ihr angeschlagenes Selbstvertrauen ganz sicher nicht in den Griff. Und obendrein entwickeln Sie auch noch ein zunehmend schlechtes Gefühl gegenüber Ihrem Partner. Versuchen Sie es deshalb mit guten Gedanken. Gehen Sie davon aus, dass Ihr Partner stets Gutes will, und stehen Sie zu seinen offensichtlichen Schwächen und Fehlern. Sie haben sich für diese Person entschieden und nicht für Teilaspekte ihrer Persönlichkeit. Träfe Letzteres zu, dann wäre es bestenfalls eine Affäre und nicht der Beginn einer langfristigen Beziehung.

2. Entscheiden Sie sich, Ihren Partner an Ihrem Leben teilhaben zu lassen

Wer seinen Partner an seinem Leben nicht teilhaben lässt, ist entweder nicht ernsthaft an einer Beziehung interessiert oder hat etwas zu verbergen. Beides sind die denkbar schlechtesten Voraussetzungen, um eine langfristige Beziehung zu starten. Da helfen auch keine Worte wie »Wir werden sehen, wie sich alles entwickelt«, um sich vor der Verantwortung zu drücken oder den bequemen Weg des geringsten Widerstandes zu gehen. Ob und wie sich eine Beziehung entwickelt, kann man aktiv beeinflussen. Wie wollen Sie sich kennenlernen, wenn Ihr Partner zu wichtigen Teilen Ihres Lebens keinen Zugang hat? Sind Sie nicht bereit, ihm diesen zu gewähren, dann sollten Sie ehrlich zu sich selbst und Ihrem Partner sein und klar sagen, dass Sie an einer längerfristigen Beziehung nicht interessiert sind.

3. Entscheiden Sie sich, der Beziehung Priorität zu geben

Wer sich für die Zweisamkeit entscheidet, sollte ihr auch die Priorität einräumen, die sie braucht, damit sich die Liebe entfalten kann. Das bedeutet nicht zwangsläufig, Freunde und alltägliche

Pflichten zu vernachlässigen. Es bedeutet aber, mit dem Partner die verfügbare Zeit abzusprechen und zu planen. Und oftmals lassen sich geplante Aktivitäten mit Freunden auch realisieren, wenn der Partner mit von der Partie ist.

4. Entscheiden Sie sich für das WIR, vergessen Sie aber dabei sich selbst nicht

Eine gute Beziehung lebt von der richtigen Dosis von Nähe und Distanz. Nähe finden Sie in gemeinsamen Werten, Interessen, Aktivitäten, Projekten und natürlich in der Sexualität und im liebevollen Umgang miteinander. Distanz schaffen Sie, indem Sie beispielsweise regelmäßig mit Freunden alleine etwas unternehmen, ein Hobby pflegen und sich einen gewissen Freiraum bewahren.

In der Mitte zwischen beidem sollte ein großes WIR stehen; rechts und links davon jeder für sich mit seinem ICH, das seinen ganz persönlichen Raum bewahren sollte. Versuchen Sie, gegenseitig diesen Raum zu respektieren und nicht infrage zu stellen oder gar für die Beziehung zu opfern. Sie sollen sich nicht in der Beziehung verlieren, sondern mit ihr wachsen. Das funktioniert recht gut, wenn Sie in Ihrer Persönlichkeit eigenständig bleiben.

5. Entscheiden Sie sich, Zeit mit Ihrem Partner zu verbringen

Zeit ist ein wichtiger Faktor, um Liebe in einer Beziehung entstehen zu lassen. Wer Zeit mit dem Partner verbringt, schafft die erforderliche Nähe und Verbundenheit. Dabei geht es um Qualitätszeit. Zeit also, die man bewusst miteinander verbringt, um wertvolle Erinnerungen zu schaffen. Sie haben das Potenzial, die Beziehung lebendig zu halten, auch dann noch, wenn Gewitterwolken am Horizont auftauchen.

6. Entscheiden Sie sich, Rituale zu pflegen

Rituale sollten als Bindemittel für die Zweisamkeit nicht unterschätzt werden, weil sie Sicherheit und Verlässlichkeit vermitteln. Das morgendliche Kuscheln oder der Gutenachtkuss, aber auch das gemeinsame Frühstück können solche Rituale sein. In Fernbeziehungen ist es der Gruß zum Tagesbeginn und am Abend der Tagesbericht via Skype oder Telefon. Oder auch das Teilhaben am Leben des anderen durch die regelmäßige Übermittlung von Bildern. Für welche Rituale Sie sich am Ende entscheiden, ist eher nebensächlich – wichtig ist, dass es sie gibt und Sie und Ihr Partner Freude daran haben.

7. Entscheiden Sie sich, verlässlich zu sein in Worten und Taten

Versprechen Sie nichts, was Sie nicht halten können. Und kommunizieren Sie klar und deutlich Ihre Pläne. Nichts verunsichert Ihr Gegenüber mehr als unklare Aussagen oder Versprechungen, denen keine Taten folgen. Irgendwann ist der Frust darüber womöglich so groß, dass Ihr Gegenüber das Weite sucht oder die Beziehung von Konflikten dominiert wird. Machen Sie sich klar: Niemand möchte in Ungewissheit leben, auch Sie selbst nicht.

8. Entscheiden Sie sich für eine gemeinsame Zukunft, und reden Sie darüber

Wer sich für eine langfristige Beziehung entschieden hat, der wird auch die Zukunft mit dem Partner planen. Das sollten Sie aber nicht im stillen Kämmerchen tun, sondern gemeinsam mit Ihrem Auserwählten. Damit zeigen Sie ihm, wie wichtig Ihnen die Beziehung ist und dass Sie eine langfristige Zweisamkeit planen. Zudem vermittelt die gemeinsame Zukunftsplanung Sicherheit und das erforderliche Vertrauen in den anderen. Dabei ist es unerheblich, ob Sie für sich selbst noch nicht wissen, wo es hingehen soll. Eine gemeinsame Zukunft können Sie auch unabhängig davon entwerfen. Wenn Sie aber nach Plänen nur für sich selbst suchen oder bereits welche haben, die eigene Vorstellungen Ihres Partners nicht vorsehen, dann sollten Sie Ihren Beziehungswunsch noch einmal überdenken.

9. Entscheiden Sie sich für ein offenes und ehrliches Miteinander

Um sich zu öffnen, braucht es Vertrauen. Ist es vorhanden, wird es auch nicht schwer sein, sich selbst zu offenbaren. Freilich ist das am Anfang etwas schwierig, weil jeder versucht, sich im besten Licht darzustellen. Es wäre auch etwas verkehrt, wenn dem nicht so wäre. Aber hin und wieder ein kleines Geheimnis preiszugeben, dürfte der Beziehung eher zuträglich sein, als dass es ihr schadet. Und sind Sie erst einmal etwas mutiger geworden, weil Ihr Partner nun auch offener auf Sie zugeht, dann wächst auch das Vertrauen, sich mehr zu öffnen. Das bedeutet nicht, dass Sie keine Geheimnisse mehr haben dürfen. Jeder Mensch hat Erlebnisse oder Gedanken, die er lieber für sich behalten möchte. Das ist legitim und braucht Sie auch nicht zu beunruhigen, weil diese Erlebnisse meist der Vergangenheit angehören. Nur wenn sie einen negativen Einfluss auf die Beziehung haben, sollten offene Worte für eine bessere Verständigung sorgen. Was die Ehrlichkeit betrifft, so sind nicht die kleinen sozialen Schwindeleien gemeint, die das Miteinander freundlicher gestalten. Würden wir immer schonungslos die Wahrheit hinausschreien, wäre das Leben unerträglich. Auch wenn Sie Ihre Angebetete gerade heute nicht sonderlich attraktiv finden, weil sie sich angeschlagen fühlt, werden Sie ihr das nicht auf die Nase binden, um ihr Unwohlsein nicht noch zu verstärken. So etwas sind kleine, erlaubte Alltagslügen, die von sozialer Kompetenz zeugen, weil sie zum Ziel haben, das Gegenüber zu schonen oder zu beschützen.

10. Entscheiden Sie sich, offen über Ihre Gefühle zu reden

Wenn Sie Ihren Partner vermissen, dann sagen Sie ihm das. Wenn Sie traurig sind, dann reden Sie darüber. Wenn Sie etwas beschäftigt oder Sie mit etwas nicht klarkommen, dann lassen Sie Ihren Partner nicht im Ungewissen. Sie sind eine Partnerschaft eingegangen, um ein gemeinsames Leben zu gestalten. Dafür ist es unabdingbar, offen über seine Gefühle zu reden. Wenn Sie das nicht gut können, dann versuchen Sie es zu lernen. Ihr Partner kann Sie unterstützen, indem er verbalisiert, was Ihr Gesicht widerspiegelt. Wenn auch das schwierig für Sie ist, haben Sie immer noch die Möglichkeit, professionelle Hilfe in Anspruch zu nehmen.

Gehen Sie auch mit den Gefühlen Ihres Partners sorgsam um, und lassen Sie ihn nicht im Regen stehen. Wertschätzen Sie seine Offenheit, und sehen Sie seine Gefühlsäußerungen als Vertrauensvorschuss.

11. Entscheiden Sie sich, Ihren Partner nicht zu kontrollieren

Die Verlockung ist groß, mal eben das Handy des Partners zu durchforsten, nach dem Motto: »Vertrauen ist gut, Kontrolle ist besser.« Und mit den vielen Möglichkeiten der Verbandelung, die soziale Medien bieten, scheint ja an jeder Ecke eine Bedrohung für die Beziehung zu lauern. Aber wenn Ihr Partner untreu sein möchte, dann wird er einen Weg dazu finden, mit oder ohne soziale Medien. Fremdgegangen wurde schon immer, auch als es noch keine Handys gab. Zudem sollten Sie sich fragen, was Sie davon haben, wenn Sie sein Handy oder seine E-Mails durchforsten. Im Zweifelsfall schlaflose Nächte, weil Sie einen harmlosen Schriftverkehr als beginnende Affäre interpretieren und den ahnungslosen Partner am Ende mit etwas konfrontieren, das sein Vertrauen in Sie und die Beziehung erschüttert. Das lässt sich so leicht nicht mehr reparieren. Etwas anderes ist es, wenn Ihr Partner mehr Zeit mit seinem Handy verbringt als mit Ihnen. Dann dürfen Sie zu Recht sein Verhalten infrage stellen und seine Aufmerksamkeit einfordern.

12. Entscheiden Sie sich, der richtige Partner zu sein

Versuchen Sie, über sich selbst hinauszuwachsen, indem Sie entscheiden, wen Sie lieben wollen. Zugleich aber sollten Sie sich dafür entscheiden, der richtige Partner für Ihr Gegenüber zu sein. Das bedeutet, Sie sollten bemüht sein, die Bedürfnisse des anderen zu befriedigen. Darunter werden wahrscheinlich auch Bedürfnisse sein, deren Erfüllung Ihnen schwerfällt. So kann etwa das Bedürfnis des Partners nach mehr Nähe eine große Herausforderung sein, wenn Sie selbst weniger Nähe brauchen. Wenn Sie es dennoch schaffen, sich darauf einzulassen, dann haben Sie gute Chancen, an der Beziehung zu wachsen und zu reifen.

Was es bedeutet, sich für einen anderen Menschen zu entscheiden

Sich für jemanden zu entscheiden, bedeutet, sich festzulegen und die Verantwortung zu übernehmen. Das ist nicht einfach, wenn man glaubt, sich nur am Perfekten orientieren zu können, weil man nur so die Befriedigung erreicht, die ein solches Streben fordert. Hinzu kommen oft noch persönliche Ideale, die an der Realität vorbeigehen. Ganz schön schwierig also, sich für einen Menschen zu entscheiden, mit dem man sein Leben in Zweisamkeit verbringen möchte.

Die große Auswahl bei den einschlägigen Anbandelungsportalen macht die Sache nicht einfacher. Nur wenige schaffen es, sich dort für eine Person zu entscheiden. Die meisten bleiben frustriert und entscheidungsunfähig auf der Strecke. Es war eben nicht das richtige Portal oder einfach nur Pech, oder es fällt der beliebte Satz: »Es ist einfach nichts Gescheites auf dem Markt. Die, die etwas taugen, sind in festen Händen.« Lieber Leser oder liebe Leserin, sollten Sie dieses Gedankengut besitzen, dann erlauben Sie mir, die Feststellung zu treffen, dass Sie offensichtlich nichts taugen, sonst wären Sie in festen Händen.

Wer nicht fähig ist, Entscheidungen zu treffen, wird sein Ziel nicht erreichen – weder bei den täglichen Anforderungen noch in der Partnerschaft beziehungsweise bei der Suche nach dem passenden Gegenstück. Keine Entscheidung zu treffen, bedeutet nicht, dass man sich alle Möglichkeiten offenhält. Es bedeutet vielmehr Handlungsunfähigkeit. Und wer handlungsunfähig ist, für den werden wichtige Entscheidungen am Ende von anderen getroffen. So kann ein selbstbestimmtes Leben nicht funktionieren.

Wer selbst der Architekt seines Lebens sein will, sollte die dafür erforderlichen Entscheidungen auch selbst in die Hand nehmen. Besser ein funktionelles und ansprechendes Haus als eine halb fertige Bauruine, die ein Schloss hätte werden sollen.

Wenn Sie also einen Menschen kennengelernt haben, der Ihnen sehr sympathisch ist, der viele Ansichten und Vorlieben mit Ihnen teilt, mit dem Sie sich vorstellen können, Zukunftspläne zu schmieden, dann sollten Sie sich aus allen Datingportalen abmelden und Chats löschen, die damit in Zusammenhang stehen. Lassen Sie auch eine alte Liebe los, mit der Sie nicht glücklich waren, aber sich noch regelmäßig schreiben. Verbannen Sie alles aus Ihrem Leben, was Sie entscheidungsunfähig machen könnte.

Die Wahrnehmung und ihre wankelmütigen Berater

Eine Entscheidung sollte möglichst mit klarem Verstand getroffen werden. Das setzt voraus, dass der Entscheidungsträger sich über die Tragweite seiner Entscheidung weitgehend bewusst ist. Aber selbst wenn wir bei klarem Verstand sind, machen wir Fehler, weil unsere Erinnerungen recht wankelmütig sind. Und weil die Erinnerungen die Grundlage unserer Erfahrungen und unseres Wissens sind, kommt es naturgemäß zu Fehlentscheidungen.

Die meisten Menschen halten sich zudem meist in ihrer geistigen Komfortzone auf. Das heißt, sie denken und handeln im Alltag nach einem eingeübten Schema. Das ist auch gar nicht so schlecht, weil man sich auf diese Art effizient durchs Leben manövriert. Bei sich wiederholenden Abläufen ist das Handeln nach Schemata eine sinnvolle Angelegenheit. Stellen Sie sich nur einmal vor, Sie müssten sich jeden Morgen aufs Neue überlegen, welcher Weg zur Arbeit der beste ist. Das tun Sie im Allgemeinen genauso wenig, wie über Ihr gewohntes Verhalten, Ihre Gedankengänge oder Ihre eingefahrenen Strategien nachzudenken oder diese gar zu hinterfragen. Sie denken nicht einmal ernsthaft darüber nach, ob alles, was Sie tun oder lassen, richtig ist, solange Sie keinen Leidensdruck verspüren und alles einigermaßen funktioniert. Und wahrscheinlich stellen Sie sich auch nicht die Frage, ob Ihre Vorstellung der Realität die wahrheitsgetreue Abbildung Ihres Erlebens ist.

Wenn Sie zehn Menschen befragen, die alle im gleichen Moment in der gleichen Situation steckten, wie sie diese erlebt haben, dann werden Sie zehn unterschiedliche Geschichten zu hören bekommen. Die Situation war zwar bei allen gleich, wurde aber unterschiedlich verarbeitet. Das liegt an unseren individuellen Erfahrungen und Erinnerungen, unseren Werten und Normen, aber auch daran, wie wir aufgewachsen sind.

Jedes neue Erlebnis, jede Situation wird zur Erinnerung und damit zur Handlungsressource, auf die wir zurückgreifen, wenn wir eine ähnliche Situation erleben. Im besten Fall handelt es sich um ein positives Erlebnis, eine Herausforderung, die wir erfolgreich gemeistert haben und an die wir uns freudig erinnern. Im schlimmsten Fall handelt es sich um eine traumatische Situation, die wir in Zukunft versuchen zu vermeiden. Im Normalfall sind es aber bekannte Situationen im Alltag wie auch in der Liebe, die sich wiederholen und die wir nach Schema F bedienen.

Nun ist es aber so, dass die Erfahrungen und das, was wir davon in Erinnerung behalten, nicht zwangsläufig der Realität entsprechen müssen, sondern eher einem Konstrukt aus früheren und aktuellen Erfahrungen. Das bedeutet, Erinnerungen, die wir haben, verändern sich aufgrund von aktuellen Erfahrungen oder gar durch Erzählungen anderer Menschen, die bei unserem Erlebnis dabei waren. Selbst Suggestivfragen zum Geschehen können unsere Erinnerungen verändern.

In diesem Zusammenhang erinnere ich mich an eine Situation, die ich selbst erlebt habe. Ich wollte mit meiner Schwester zusammen einen Film anschauen und war gerade mit meinem Auto auf dem Weg zum Kino, als ich ein entgegenkommendes Auto bemerkte, das ins Schlingern geraten war. »Der Fahrer hat offensichtlich die Kontrolle über sein Fahrzeug verloren, weil er die Kurve zu schnell nimmt!«, schoss es mir durch den

Kopf. Ich konnte abbremsen und zu dem Unfallauto laufen, das im angrenzenden Acker gelandet war. Gott sei Dank war den Insassen, einem jungen Pärchen, nichts passiert. Sie hatten wirklich großes Glück gehabt. Einige Wochen später wurde ich von der Polizei zur Zeugenaussage vorgeladen. Der Beamte bat mich, mit eigenen Worten den Unfallhergang zu schildern. Und ich berichtete, wie der Fahrer in der Kurve die Kontrolle über sein Fahrzeug verloren hatte. Der Beamte schaute mich ernst an und sagte: »Frau Strobel, da war keine Kurve.« Ich war fassungslos. »Wirklich keine Kurve weit und breit?«, fragte ich zurück. »Keine Kurve weit und breit«, antwortete er lakonisch. Am nächsten Tag fuhr ich zur Unfallstelle, um mich selbst zu überzeugen. Es gab tatsächlich keine Kurve.

Mir wurde klar, dass ich meinen persönlichen Erfahrungen auf den Leim gegangen war, die ich mit der Realität vermischt hatte. Und das lief folgendermaßen ab: Während meine Augen das Unfallgeschehen beobachteten, war mein Gehirn fleißig damit beschäftigt, zu analysieren und einzuschätzen. Dabei griff es auf das zurück, was vorhanden war, also auf die Erfahrungen, die ich gemacht habe, und auf das Wissen, das ich mir im Laufe meines Lebens angeeignet habe. Es wog ab, interpretierte und lieferte schließlich eine Erklärung, alles in Bruchteilen von Sekunden. Da die Wahrscheinlichkeit, die Kontrolle über das Auto zu verlieren, sicher größer ist, wenn das Fahrzeug zu schnell in die Kurve gelenkt wird, als vielleicht irgendwelche andere Gründe, die aber für mein Gehirn nicht so präsent waren, entschied es sich eben für die naheliegende Variante »Kurve zu schnell genommen«. Tatsächlich war es aber so, dass der Fahrzeuglenker von seiner Beifahrerin abgelenkt war, die ihm einen Döner zum Abbeißen vor den Mund gehalten hatte. Zudem war er etwas angetrunken gewesen. Beides hatte dazu geführt, dass er das Lenkrad verriss und die Kontrolle über sein Auto verlor. Hätte der Beamte mich nicht aufgeklärt, so wäre meine falsche Erinnerung des Vorfalls meine Wahrheit geblieben und hätte zudem meine Erfahrung noch etwas mehr gefestigt.

Auf vergleichbare Weise entscheiden und handeln wir immer und immer wieder nach alten und, wie wir glauben, bewährten Mustern. Auch und ganz besonders in der Beziehung. Wir sind davon überzeugt, ohne Verliebtheit könne sich keine Liebe entwickeln. Schließlich ist das eine Meinung, die vom größten Teil der Menschen in unserem Kulturkreis vertreten wird. So viele Menschen können doch nicht irren. Aber wenn man die Scheidungsraten eingehender studiert, dann kommen doch erhebliche Zweifel auf.

Trotzdem wird daran festgehalten. Folgerichtig hangeln sich zahlreiche Menschen von einer Verliebtheit zur nächsten – in der Hoffnung, es müsse doch endlich irgendwann funktionieren mit der Liebe. Tut es aber nicht. Und so suchen sie weiter oder haben sich frustriert auf eine emotionslose Beziehung eingelassen, ohne die Entscheidung zu treffen, den Menschen an ihrer Seite lieben zu lernen, was natürlich Zeit und Beziehungsarbeit erfordern würde.

Gedankenhygiene

Es ist schwer, alte Denkmuster aufzugeben, weil sie uns Sicherheit vorgaukeln und die Welt erklärbar machen. Darum erscheint es uns leichter, eine Entscheidung auf der vermeintlich sicheren Basis der gewohnten Wahrnehmung zu treffen. Wenn Sie aber eine Entwicklung anstreben, die der beständigen Liebe Raum verschaffen soll – egal, ob Sie auf der Suche nach einer neuen Liebe sind oder sich bereits in einer Beziehung befinden –, müssen Sie die eingetretenen Pfade verlassen. Das geht am besten, wenn Sie sich selbst bewusst beim Denken zuhören, um Ihre nicht zielführenden Muster zu entlarven und im nächsten Schritt zu hinterfragen.

Beginnen Sie mit einem 30-minütigen Spaziergang im Wald oder irgendwo anders in der Natur, wo Sie sich sicher sein können, dass Sie alleine sind und nicht gestört werden. Lassen Sie die ersten 15 Minuten Ihren Gedanken freien Lauf. Danach konzentrieren Sie sich auf das, was Sie in diesen 15 Minuten gedacht haben. Hinterfragen Sie Ihre Gedanken nach ihrem Wahrheitsgehalt.

Das funktioniert hervorragend mit einer Strategie, die Albert Ellis erarbeitet hat. Ellis war Psychologe und der Begründer der Rational-Emotiven Therapie. Er sprach von irrationalen Gedanken, sobald sie sich im Negativen verlieren. Er hat eine Fragetechnik entwickelt, die ich Ihnen gerne vorstellen möchte, weil sie Ihnen bei der Entlarvung Ihrer Gedankenmuster sehr hilfreich sein kann und im weiteren Verlauf Ihr Handeln positiv beeinflussen wird.

Aber bevor wir zu Ellis' Fragen übergehen, schauen wir uns an, was in diesen ersten 15 Minuten Ihres Spaziergangs, in denen Sie mit sich alleine sind, so alles in Ihrem Kopf vorgehen könnte.

Irrationale Gedanken

Irrationale Gedanken sind durch verschiedene typische Denkmuster gekennzeichnet:

»Alles oder nichts«-Denken

»Wenn mein Partner nicht genau meinen Vorstellungen entspricht, dann bleibe ich lieber alleine.«

»Einen Kompromiss gehe ich sicher nicht ein.«

Übertriebene Verallgemeinerungen
»Es gibt keine wirklich beziehungsfähigen Männer/Frauen mehr.« »Alle, die man so auf dem Markt findet, sind irgendwie neben der Spur.«

Einengende Fokussierung auf das Negative
»Ich habe immer Pech und gerate an den/die Falsche/n. Wenn das so weitergeht, werde ich irgendwann alt und einsam sein.«

Leugnen des Positiven
»Im Grunde kann man niemandem mehr trauen. Jeder handelt nur zu seinem eigenen Vorteil.«

Übertreiben von Fehlern – Katastrophendenken
»Was habe ich nur für einen Unsinn erzählt? Wie stehe ich denn jetzt da? Der/die denkt bestimmt, ich bin vollkommen bescheuert.«

Globale negative Selbstbewertung
»Wer will sich schon mit einem Loser wie mir abgeben?«

Gefühl der absoluten Forderung
»Er/sie muss sich ändern, so geht das nicht weiter!«
»Ich muss etwas ändern.«

Niedrige Frustrationstoleranz
»Ich habe keine Lust, an diesem Problem zu arbeiten. Entweder es passt, oder es passt nicht.«

Suche nach Anerkennung
»Ich brauche jemanden, der mich bewundert und meine Entscheidungen nicht hinterfragt.«

Negative Prognose
»Das hat noch nie funktioniert, und das wird auch dieses Mal nicht funktionieren.«

Moralisch-absolutistisches Denken
»Man muss sich anpassen und darf nicht aus der Reihe tanzen.«

Ganz schön heftig, was da unter Umständen im Kopf vor sich geht und uns das Leben unnötig schwer macht. Dabei rauschen die Gedanken einfach nur so durch, ohne dass sie hinterfragt werden.

Darum können sie sich in unserem Gehirn ungehindert einnisten und unser weiteres Handeln beeinflussen, ohne dass uns bewusst wird, was tatsächlich passiert. Das läuft bei den meisten Menschen so ab und bei Ihnen vermutlich auch. Aber weil wir uns vorgenommen haben, alte Muster aufzubrechen, um neue Handlungsmöglichkeiten für ein glückliches Leben zu zweit zu eröffnen, werden wir mithilfe der Fragetechnik von Albert Ellis, die ich mir erlaubt habe, ein wenig für unsere Zwecke anzupassen, der Sache zu Leibe rücken.

Schauen Sie sich also einen Gedanken nach dem anderen an, den Sie bei Ihrem Spaziergang gedacht haben – vorzugsweise die negativen Gedanken –, und unterziehen Sie Ihre Gedanken einer kritischen Reflexion. Nutzen Sie hierfür die nachfolgend aufgeführten Fragen, und gehen Sie in einen inneren Dialog mit sich selbst.

Fragen an sich selbst

Hedonistisches Kalkül

- Wie fühle ich mich mit diesem Gedanken?
- Will ich mich so fühlen?

- Hilft mir der Gedanke in irgendeiner Form, meine Probleme zu bewältigen oder mich besser zu fühlen?
- Gibt es einen Grund, an dem Gedanken festzuhalten?
- Wenn nicht, warum halte ich dann an diesem Gedanken fest?

Realitätstestung

- Ist es wirklich so, oder übertreibe ich?
- Sind meine Erwartungen realistisch?
- Was kann ich aus dieser Situation/diesem Gedanken Positives mitnehmen?
- Was genau spricht für meine Sichtweise?
- Verallgemeinere ich zu stark?
- Gibt es auch eine andere Möglichkeit, meine Situation/meine Gedanken zu erklären?

Distanzierung durch Rollentausch

- Was würde ich einem Freund raten, der einen ähnlichen Gedanken hat?
- Was würde mein bester Freund dazu sagen? Wie würde er darüber denken?
- Kenne ich jemanden, der in einer ähnlichen Situation ganz anders darüber denken würde?
- Wenn ja, was kann ich daraus lernen?

Temporale Relativierung

- Wie werde ich in einem Monat oder in einem Jahr darüber denken?
- Wie werde ich rückblickend in fünf oder zehn Jahren darüber denken?

Entkatastrophisieren

- Was würde schlimmstenfalls geschehen, wenn sich bewahrheitet, was ich denke?
- Wie schlimm wäre das tatsächlich?
- Wie wahrscheinlich ist das?
- Was wäre schlimmer?
- Ist diese Sache wirklich lebensnotwendig für mich?

Fokussieren auf Ressourcen und Kompetenzen

- Gab es in meinem Leben eine ähnliche Situation, die ich gemeistert habe?
- Wie habe ich das damals gemacht? Wie war mein Verhalten?
- Was oder wer hat mir dabei geholfen?
- Gibt es jemanden, der mir helfen könnte, die Dinge anders zu sehen?
- Gibt es auch etwas anderes, das mir Kraft, Mut und Sicherheit gibt?

Sinnorientierung

- Was kann ich aus dieser Situation lernen, die mich gedanklich beschäftigt?
- Welche Aufgabe ist für mich damit verbunden?

Im Folgenden zeige ich Ihnen anhand einiger Beispiele, wie so ein innerer Dialog aussehen könnte:

Negativer Gedanke: *Man muss sich anpassen und darf nicht aus der Reihe tanzen.*

Hedonistisches Kalkül:

Analyse	Erkenntnis
Wie fühle ich mich mit diesem Gedanken?	Unfrei
Will ich mich unfrei fühlen?	Nein
Warum halte ich dann an diesem Gedanken fest?	Es gibt keinen Grund.
Was würde schlimmstenfalls passieren, wenn ich diesen Gedanken aufgebe?	Nichts

Negativer Gedanke: *Im Grunde kann man niemandem mehr trauen. Jeder handelt nur zu seinem eigenen Vorteil.*

Realitätstestung:

Analyse	Erkenntnis
Ist es wirklich so, oder übertreibe ich?	Das sind meine Erfahrungen.
Hilft mir dieser Gedanke in irgendeiner Form, meine Probleme zu bewältigen oder mich besser zu fühlen?	Nein, natürlich nicht.
Gibt es etwas oder jemanden, der mir helfen könnte, die Dinge anders zu sehen?	Ja, ein guter Freund. Der ist meistens auf der positiven Seite des Lebens und könnte mir eine andere Perspektive eröffnen.

Negativer Gedanke: *Ich habe immer Pech und gerate an den/die Falsche/n. Wenn das so weitergeht, werde ich irgendwann alt und einsam sein.*

Hedonistisches Kalkül:

Analyse	Erkenntnis
Wie fühle ich mich mit diesem Gedanken?	Sehr schlecht.
Warum halte ich dann an diesem Gedanken fest?	Ich weiß nicht, er ist einfach da.

Distanzierung durch Rollentausch:

Analyse	Erkenntnis
Was würde ich einem Freund raten, der einen ähnlichen Gedanken hat?	Bleib gelassen, du bist nicht alleine, du hast Freunde.
Wie fühle ich mich mit dem Gedanken, Freunde zu haben?	Dankbar.
Wie wahrscheinlich ist es also, dass ich einsam alt werde?	Okay, aus dieser Perspektive betrachtet, bin ich natürlich nicht alleine.

Es begeistert mich immer wieder, wie wunderbar diese Technik funktioniert. Wie sich fast von alleine neue Wege eröffnen und die Wahrnehmung regelrecht expandiert. Sie müssen natürlich nicht immer alle Fragen im Kopf haben, um Ihre Gedanken zu analysieren. Konzentrieren Sie sich auf diejenigen, die Ihnen persönlich am besten helfen. Dennoch möchte ich Ihnen eine wichtige Frage ans Herz legen: »Was kann schlimmstenfalls passieren?«

Was kann nun schlimmstenfalls passieren, wenn Sie sich entscheiden, das Projekt Partnerschaft einmal anders anzugehen? Sie können dabei nichts verlieren, gewinnen aber eine realistische Chance für eine glückliche und zufriedene Beziehung – vorausgesetzt, Sie üben täglich ein paar Minuten. Irgendwann werden Sie alte, wiederkehrende Gedankenmuster, die Sie bisher nicht weitergebracht haben, ganz von selbst hinterfragen und neue Wege finden, die Sie schneller ans Ziel bringen. Das funktioniert in allen Lebensbereichen. Also auch, wenn Sie sich schon lange in einer festen Partnerschaft befinden. Dann ist Gedankenhygiene sehr hilfreich, um ärgerliche Situationen oder Auseinandersetzungen mit dem Partner in einem anderen Licht zu betrachten. Sie haben immer einen Mehrwert, wenn Sie Gedankenhygiene betreiben.

Ich hoffe, das ist genug Motivation für Sie, noch heute damit zu beginnen.

Kopfsache – Ich mache mir die Beziehung so, wie sie mir gefällt

Im vorangegangenen Kapitel haben Sie erfahren, wie Sie Ihre Gedanken bewusst wahrnehmen und hinterfragen können. Ist Ihnen bei Ihrem Spaziergang aufgefallen, dass Ihr Denken mehrheitlich mit negativen Gedanken beschäftigt ist? Tatsächlich sind es etwa 65 Prozent. Dabei treffen 99 Prozent unserer Befürchtungen niemals ein. Trotzdem haben wir ständig irgendwelche Sorgen und unangenehmen Szenarien im Kopf, die unser Leben erschweren. Gedanken dieser Art nehmen uns die Lebensfreude und katapultieren uns geradewegs in die Energieblockade. Ein längst vergangenes Erlebnis poppt immer wieder hoch, mit dem schlechten Gefühl von damals im Gepäck, und schafft es, die gute Laune in den Keller zu schicken. All die »Was wäre, wenn …«-Szenarien – die Ängste vor Krankheiten, finanzieller Not oder sozialer Isolation – sind schlicht für die Katz und vollkommen unnötig, weil so gut wie nichts davon eintreten wird. Und falls doch, dann können Sie sich darüber Gedanken machen, wenn es so weit ist. Meist ist die Situation dann weniger schlimm als die Dramen, die Sie sich in Ihrem Kopf ausgedacht haben. Sicher, es ist hilfreich, wenn Sie sich mit einem Problem beschäftigen, um Lösungen zu finden. Das ist aber etwas anderes. In diesem Fall geht es nicht um diffuse Ängste, die nicht greifbar sind, sondern um eine konkrete Sache.

Stellen Sie sich vor, welche Energie frei wird, wenn Sie negative »Was wäre, wenn …«-Szenarien in Ihrem Kopf nicht mehr zulassen. Das wäre wie Urlaub für Ihre grauen Zellen. Gönnen Sie sich diese Auszeit. Am besten jeden Tag eine Stunde lang, in der Sie im Oberstübchen ordentlich ausmisten.

Betreiben Sie Gedankenhygiene in Bezug auf Ihren Partner. Worauf sind Sie fokussiert, wenn Sie an ihm denken? Auf seinen Starrsinn, der Sie rasend macht? Oder die Unpünktlichkeit, die Ihre Wut hochkochen lässt? Oder doch eher auf die Momente, die Sie zum Lachen bringen? Sicher, wenn Sie noch in der Verliebtheitsphase stecken, werden Starrsinn und andere Beziehungshindernisse erst einmal kein Thema sein. Sie haben das, was Sie haben wollen, alles andere wird ausgeblendet. Aber irgendwann wird Sie das, was an Ihrem Partner nicht so großartig ist, einholen, nämlich dann, wenn sich Ihre Hormone wieder beruhigt haben und auf ein gesundes Level heruntergefahren sind.

Wenn Sie sich aber von vornherein entschieden haben, Ihren Partner lieben zu lernen, auch ohne Verliebtheit, dann werden seine oder ihre Schwächen und nervigen Verhaltensweisen Sie nicht irgendwann kalt erwischen. Sie werden sie nämlich gar nicht erst ausblenden. Sie haben Ihre Wahl getroffen und sind sich bewusst, dass es genügend gibt, was Sie mit Ihrem Partner verbindet. Es gibt also viele positive Aspekte, die für die Beziehung sprechen. Auf sie sollten Sie sich konzentrieren. In diesem Fall, wie auch in schon länger bestehenden Beziehungen, ist es hilfreich, wenn Sie Ihrem Partner grundsätzlich gute Absichten unterstellen, auch dann, wenn Sie mit etwas nicht einverstanden sind. Beziehungen funktionieren besser, wenn positive Erklärungsmuster dominieren. Das bedeutet nun nicht, dass Sie sich alles gefallen lassen oder mit allem einverstanden sein müssten. Aber was die alltäglichen kleinen Widrigkeiten betrifft, ist die Unterstellung wohlwollender Absichten wirklich sehr hilfreich.

Vielleicht sind Sie aber schon lange zu sehr auf das Negative in Ihrer Beziehung fokussiert, und Ihr Gehirn arbeitet deshalb recht effizient in diese Richtung. So einfach lässt es sich dann nicht von einem anderen Weg überzeugen. Wir müssen also Überzeugungsarbeit leisten, um unsere grauen Zellen auf eine positive Sichtweise zu programmieren. Das ist nichts, was man einfach mal eben nebenbei bewerkstelligen kann; es bedarf vielmehr einer gewissen Übung und Fleiß, weil wir unser Gehirn disziplinieren müssen, damit es sich nicht in den negativen Gedanken verliert.

Grundsätzlich merken wir uns die unangenehmen Dinge besser als die angenehmen. Das hat auch durchaus seinen Sinn. Wenn beispielsweise ein Kind auf eine heiße Herdplatte greift, wird es den Schmerz nie mehr vergessen und in Zukunft auch keine heiße Herdplatte mehr anfassen. Negative Erinnerungen sind also auch eine Frage der zukünftigen Sicherheit.

Aber wir neigen eben leider auch dazu, unser Gehirn mit negativen Erwartungshaltungen und der Fokussierung auf das Unvollkommene vollzumüllen. Und wie es eben von der Natur programmiert ist, speichert es alles brav ab, damit wir schon allein beim Gedanken an einen Mülleimer sofort daran erinnert werden, dass er meistens stinkend überquillt und unser Partner daran Schuld hat. Oder wir denken daran, dass die langen Haare der Angebeteten ständig den Siphon verstopfen, sobald wir nur ein Haar im Waschbecken finden. Ist es nicht bedauerlich, dass in solchen Momenten alles, was Ihre Beziehung lebendig macht, ausgeblendet wird? Wie fühlen Sie sich, wenn Sie diese negativen Gedanken haben? Sicherlich nicht gut. Warum halten Sie dann daran fest? Ich schlage vor, Sie geben dem Ganzen eine andere Bedeutung. Das funktioniert ähnlich wie bei der Gedankenhygiene, nur wird die Übung noch mit der Positivierung ergänzt.

Identifizieren Sie zuerst den negativen Gedanken, sprechen Sie ihn aus, und ersetzen Sie ihn durch einen positiven Gedanken. Im Folgenden wieder einige Beispiele:

Negativer Gedanke: *Ich hasse es, wenn sie zu spät kommt. Das ist nicht wertschätzend.*

Analyse	Erkenntnis	Positivierung
Ist es wirklich so, oder übertreibe ich?	Sie kommt nicht immer zu spät, aber es kommt doch immer wieder vor.	Manchmal kann sie nicht pünktlich sein. Das macht sie nicht absichtlich.
Gibt es Situationen, in denen ich mich wertgeschätzt fühle?	Ja, sicher, wenn sie fragt, wie mein Tag war, und aktiv Anteil nimmt. Wenn sie mir sagt, wie sehr sie meinen analytischen Verstand schätzt. Oder glücklich ist, wenn wir zusammen sind, und mir das zeigt.	Es gibt so viele Momente, in denen sie mir Wertschätzung entgegenbringt. Dafür bin ich dankbar.

Negativer Gedanke: *Er lässt überall seine Sachen liegen. Das macht mich richtig wütend, weil ich ihm immer wieder sagen muss, dass er aufräumen soll. Von alleine macht er es nicht.*

Analyse	Erkenntnis	Positivierung
Wie schlimm ist das tatsächlich?	Es macht mir schlechte Laune.	Es gibt Schlimmeres.
Warum halte ich an dem Gedanken fest, wenn er mir schlechte Laune macht?	Weil es jeden Tag das gleiche Desaster ist.	Manchmal macht es mir auch nichts aus. Ich bin ja schließlich auch nicht perfekt.
Was habe ich davon, wenn ich an dem Gedanken festhalte?	Nichts, nur schlechte Laune.	
Will ich mich so fühlen?	Nein.	
Warum halte ich dann an dem Gedanken fest?	Eigentlich bringt mir das nichts, wenn ich an dem Gedanken festhalte. Im Grunde reicht es, wenn ich meinem Partner das sage. Er räumt dann ja auf.	Er macht viele andere Dinge, die ich nicht so gerne mache, ohne dass ich ihn darum bitten muss.

Liebe braucht Zeit, positive Gedanken und Pflege, um sich entwickeln zu können. Gerade nach dem Ende der ersten Verliebtheit oder auch dann, wenn Sie sich für die Liebe ohne Verliebtheit entschieden haben, brauchen Sie Zeit, um sich aneinander zu gewöhnen. Das setzt Geduld voraus und die Fokussierung auf die positiven Aspekte Ihrer Zweisamkeit. Treffen Sie eine Entscheidung, wie Sie Ihre Beziehung am Leben erhalten wollen und welche Qualität sie haben soll. Das wird viel leichter funktionieren, wenn Sie einen wohlwollenden Blick auf Ihren Partner einüben und ihm gute Absichten unterstellen.

Emotionskontrolle für eine gute Beziehung

Sobald wir emotional in eine Sache verwickelt sind, wird es schwierig mit dem objektiven Denken und Handeln. Das ist in der Liebe nicht anders als in fast allen Bereichen des Lebens. Besonders emotional wird es aber in der Zweisamkeit. Niemanden können wir so sehr verletzen wie gerade den Menschen, den wir am meisten lieben. Eigentlich ein Paradox. Wie kann das sein, dass unsere Geduld für Fremde weit größer ist als für den geliebten Menschen an unserer Seite? Dafür gibt es eine Erklärung. Mit der fremden Person teilen wir nicht unser Leben, unsere Gedanken, Gefühle und unser Sein. Wir haben sie nicht tagtäglich um uns. In einer engen Beziehung dringen wir in den persönlichen Raum des anderen ein und wirbeln dort einiges ordentlich durcheinander. Das ist keine Absicht, sondern es geschieht aus dem Wunsch, dem anderen nahe zu sein, ihn zu verstehen und verstanden zu werden. Am Anfang offenbaren wir dem Partner voller Stolz und Vertrauen unsere Welt. Aber irgendwann richtet er sich dort ein – und natürlich auch umgekehrt. Er wird versuchen, das eine oder andere neu zu gestalten, sodass es seiner Bedürfnisbefriedigung dient.

Das ist dann auch die Zeit, in der der Partner endgültig zu jemandem wird, mit dem man sein Leben teilt und der fleißig an der eigenen Entwicklung mitwirkt – manchmal eben auch ungefragt. Da kommt es dann schon einmal vor, dass der Partner unsere Schmerzgrenze überschreitet und uns verletzt. Die Verletzungen in einer Beziehung haben viel damit zu tun, dass man nicht genug über Gefühle weiß – über die des Partners, aber auch über die eigenen. Darum ist es so wichtig, dass wir uns mit unserer eigenen negativen Gedankenwelt auseinandersetzen, damit das Dynamit, das in ihr steckt, nicht in der Beziehung explodiert.

Sobald wir ein Gefühl empfinden, liefert unser Gehirn blitzschnell eine Erklärung dazu, die wir meist nicht hinterfragen. Aber diese Erklärung muss nicht zwangsläufig richtig sein. Ich habe weiter oben schon erläutert, dass wir eine Erklärung bekommen, die aus unserem persönlichen Wahrnehmungskonzept entspringt und nur einen Teil der Realität widerspiegelt. Doch wenn wir den tatsächlichen Ursprung unserer Gefühle finden möchten, müssen wir genauer hinsehen und lernen, die aus unseren Gefühlen resultierenden Emotionen zu kontrollieren.

Damit ist nicht gemeint, dass wir allzeit selbstbeherrscht durchs Leben gehen, um unsere Liebsten nicht zu verletzen oder immer die richtigen Entscheidungen zu treffen, und das möglichst fehlerlos. Das wird nicht funktionieren, weil es nicht in unserer Natur liegt und die Dinge zu komplex sind, als dass wir sie vollkommen durchblicken und entsprechend handeln könnten. Darüber hinaus würden wir auch unsere Lebendigkeit verlieren und wären irgendwann nur noch perfekt funktionierende Automaten. Es geht vielmehr darum, dass wir uns von unseren negativen Emotionen nicht beherrschen und in die Irre führen lassen.

Unsere Gefühle können wir als Indikator für etwas sehen, das für uns nicht in Ordnung ist und deshalb näher betrachtet werden sollte, bevor es so sehr hochkocht, dass es zur Explosion kommt. Eine unkontrollierte Explosion hinterlässt unter Umständen verbrannte Erde, auf der nichts mehr wachsen kann. Es geht in diesem Kapitel deshalb um die destruktiven Gefühle und wie wir die daraus resultierenden Emotionen – die sichtbaren Reaktionen auf das, was uns im Inneren bewegt – in den Griff bekommen.

Sieben Schritte zur Emotionskontrolle

Es ist aber nicht einfach, die eigenen Emotionen zu kontrollieren, weil sie uns meist urplötzlich überwältigen und an die Oberfläche drängen. Ob mit Lachen, Tränen, Schreien oder Wortäußerungen – hervorbrechende Emotionen sind fast immer eine bewegende Angelegenheit, die unsere Wahrnehmung trübt und uns schlimmstenfalls handlungsunfähig macht. Wie gesagt, es geht nicht darum, die den Emotionen zugrunde liegenden Gefühle auszublenden – das wäre der falsche Weg und würde in die Depression führen. Vielmehr geht es darum, negative Emotionen zu regulieren, damit sich die zugrunde liegenden Gefühle entfalten können, ohne Schaden anzurichten. Das schaffen Sie mit den folgenden sieben Schritten.

1. Akzeptieren Sie Ihre Gefühle

Es ist wichtig, dass Sie Gefühle haben, das macht Sie zu einem sozialen und lebendigen Wesen. Dabei ist es erst einmal vollkommen egal, ob es sich um negative oder positive Gefühle handelt. Hauptsache, Sie haben welche. Versuchen Sie nicht, sie zu unterdrücken, das wird nicht funktionieren. Im Gegenteil, umso heftiger werden sie als Emotionen nach außen drängen oder nach innen implodieren. Letzteres wäre besonders schlimm, weil Sie dann das Gefühl haben, innerlich aufgefressen zu werden. Kein schöner Gedanke. Besser, Sie reden mit einer vertrauten Person über das, was Sie bewegt. Damit schaffen Sie Raum zum Ausdruck Ihrer Gefühle.

2. Lassen Sie Dampf ab, aber nicht beim Partner!

Folgen Sie nicht dem ersten Impuls Ihrer negativen Emotionen. Wenn Sie aber spüren, dass etwas mit Macht an die Oberfläche drängt, dann schreiben Sie auf, was Sie gerade bewegt. Das entlastet und schafft die nötige Zeit, um sich zu beruhigen.

Sind Sie für das Schreiben zu aufgewühlt, dann versuchen Sie es mit Streicheleinheiten für Ihre linke Hand: Streicheln Sie Ihre Hand ganz langsam und bewusst für ein paar Minuten – damit lenken Sie Ihre Gedanken vom Geschehen ab.

Wenn alles nichts hilft, dann boxen Sie in ein stabiles Kissen oder machen einen kurzen Sprint um den Block, bis Sie außer Atem sind. Manchmal hilft es auch, in den Wald zu laufen und laut zu schreien. Ist kein Wald in der Nähe, funktioniert das auch im Auto ganz wunderbar.

3. Gehen Sie Ihren Gefühlen auf den Grund

Werden Sie sich über den Ursprung Ihrer Gefühle klar. Hören Sie sich beim Denken zu, wie im vorangegangenen Kapitel erklärt. Finden Sie heraus, was Sie gedacht haben, bevor Ihr Gehirn die Erklärung für Ihre Gefühle geliefert hat. Waren Sie vor dem Gefühl der Wut vielleicht traurig? Haben Sie etwas vermisst? Stellen Sie sich auch die Fragen: Warum macht mich das wütend? Was verbinde ich damit? Wieso mache ich meinen Partner verantwortlich? Das ist keine angenehme Beschäftigung, weil Sie damit die Verantwortung für Ihre Emotionen übernehmen, statt sie Ihrem Partner zuzuschieben. Es ist für das Ego zunächst einmal einfacher, die Ursache der eigenen Unpässlichkeiten beim Partner zu suchen anstatt bei sich selbst. Nur: Auf diese Weise findet man nicht die tatsächliche Ursache für einen Gefühlsausbruch. Ihnen entgeht dann wahrscheinlich eine wichtige Erkenntnis, nämlich dass der Ärger über eine Lappalie möglicherweise bedingt ist durch die zugrunde liegende Enttäuschung darüber, dass der Partner nicht so viel Zeit für Zweisamkeit aufbringt, wie man sich erhofft hat. Haben Sie dies erst einmal erkannt, verändert sich das Szenario wesentlich. Aus dem Ärger wird Trauer oder vielleicht Sehnsucht. Und aus dem Impuls, den Partner zu verletzen, wird der Wunsch, sich mitzuteilen.

4. Wechseln Sie die Perspektive

Versuchen Sie so zu handeln, wie Sie sich das von Ihrem Partner in einer ähnlich emotionalen Situation wünschen. Und versuchen Sie seine Position einzunehmen. Möglicherweise sieht er die Dinge ganz anders als Sie, und das ist auch sein gutes Recht. Stellen Sie Ihrem Partner Fragen, um seine Wahrnehmung der Situation zu erfahren, statt sich in Vorwürfen und Klagen zu verlieren.

Akzeptieren Sie, dass Ihr Partner möglicherweise eine andere Wahrnehmung hat oder bestimmte Gefühle im Moment nicht mit Ihnen teilen kann.

5. Reden Sie über Ihre Gefühle, aber nicht um jeden Preis

Teilen Sie sich mit, erklären Sie, was gerade in Ihnen vorgeht, aber vermeiden Sie es, Ihrem Partner Vorwürfe zu machen. Bleiben Sie ganz bei sich, und versuchen Sie, ehrlich zu sich selbst zu sein. Ist das im Moment nicht möglich, dann nehmen Sie sich lieber aus der Situation heraus, und bitten Sie um 30 Minuten Zeit für sich alleine. In etwa so lange braucht es, bis Ihr Adrenalinspiegel wieder in den Normalbereich absinkt und Sie einen klaren Gedanken fassen können.

6. Vergessen Sie Ihre Liebe nicht; schaffen Sie Rituale

Wenn Sie im Alltag aktiv liebevoll miteinander umgehen und in Kontakt bleiben, dann wird es auch leichter, die negativen Emotionen unter Kontrolle zu halten. Rituale helfen Ihnen dabei, die Nähe zueinander nicht zu verlieren. Umarmen und küssen Sie sich, wenn Sie sich trennen oder wiedersehen. Legen Sie an zwei Abenden in der Woche einen Zeitpunkt fest, der nur der Zweisamkeit gehört. Lehnen Sie sich ab und zu zurück, und beobachten Sie Ihren Partner bewusst mit Wohlwollen. Besprechen Sie mit Ihrem Partner, welche Rituale Sie einführen möchten, um die Nähe Ihrer Zweisamkeit lebendig zu halten.

7. Kommunizieren Sie wertschätzend

Worte werden schnell zur Waffe, wenn sie aus unkontrollierten Emotionen heraus geäußert werden. Sie hinterlassen oft tiefe Wunden, die nur schwer heilen, selbst dann nicht, wenn man sich anschließend um versöhnliche Worte bemüht. Sicher lassen sich manchmal Verletzungen nicht vermeiden, wenn es um Erwartungen an den Partner geht, die dieser scheinbar nicht erfüllen möchte. Aber statt einen Dialog anzustreben, wird vehement eingefordert, gedroht und verletzt, um sich durchzusetzen. Ein Konsens wird so nur selten erreicht; dafür entsteht ein Machtkampf, in dem es nur Verlierer gibt. Wertschätzende Kommunikation setzt aber voraus, dass Sie Ihre negativen Emotionen beherrschen. Im Fokus steht dabei die gute Absicht des Partners und nicht die Mutwilligkeit.

Wenden Sie sich Ihrem Partner vollständig zu, wenn Sie mit ihm sprechen, und schauen Sie ihm in die Augen. Stellen Sie Fragen, statt anzuklagen oder einzufordern. Versuchen Sie, Ihren Standpunkt klar darzulegen, und das, möglichst ohne die Worte »immer« und »nie« zu verwenden. Vermeiden Sie Übertreibungen und Superlative. Beides wird der Realität nicht gerecht und führt zu Irritationen. Lassen Sie Ihren Partner ausreden, auch wenn es schwerfällt. So entgeht Ihnen keine wichtige Information, und Ihr Partner fühlt sich ernst und wahrgenommen.

Bleiben Sie an der Meinung Ihres Partners interessiert, und holen Sie diese aktiv ein. Mit diesem Verhalten signalisieren Sie Vertrauen in die Kompetenz Ihres Partners und geben ihm einen Einblick in Ihre Gedanken und das, was Sie bewegt. Zudem eröffnet Ihnen sein Statement gegebenenfalls eine neue Perspektive und damit eine Erweiterung Ihrer Handlungsmöglichkeiten. Weil die eigene Perspektive naturgemäß nicht die einzige Wahrheit ist, braucht es das Feedback durch andere Menschen. Es liegt nahe, dass man es sich bei dem Menschen einholt, der einen am besten kennt und dem viel daran liegt, einen glücklich zu sehen. Auch wenn die Aussagen Ihres Partners das eine oder andere Mal nicht Ihren Erwartungen entsprechen sollten, versuchen Sie nicht, Überzeugungsarbeit zu leisten, um Ihrer Sichtweise mehr Gewicht zu geben. Es reicht, wenn Sie sich das Ganze in Ruhe anhören und sich durch den Kopf gehen lassen. Ob Sie am Ende etwas mit der Meinung Ihres Partners anfangen können oder nicht, steht allerdings auf einem anderen Blatt. Wichtig ist, dass Sie offen dafür bleiben, dann werden Sie das eine oder andere Mal sicher davon profitieren. Diese Vorgehensweise sollte allerdings zwischen Ihnen beiden in die eine wie in die andere Richtung funktionieren, sonst entsteht ein Ungleichgewicht, das zur Folge hat, dass Sie beide nicht mehr auf Augenhöhe miteinander reden. Der nach seiner Meinung Gefragte wird dann zum allwissenden Erwachsenen und der Fragende zum Kind, das Unterstützung braucht.

Achtsamkeit – der Glücksbooster

Von all den wunderbaren, den guten Gefühlen, von Euphorie bis Ekstase, von nicht enden wollender Glückseligkeit bis hin zur wohligen Erschöpfung können wir gar nicht genug bekommen. Aber auch das kleine, das ruhige Glück und Wohlgefühl ersehnen wir uns als angenehmes Hintergrundgefühl unseres Daseins. Ein schöner Gedanke, weil er das Paradies auf Erden verspricht. Natürlich ist jedem denkenden Menschen bewusst, dass dies niemals ein Dauerzustand sein kann. Unsere positiven Gefühle dauern meist nur für Augenblicke an. Eine gerechte Verteilung dieser wertvollen Momente gibt es leider nicht. Und sie werden uns auch nicht hinterhergeworfen. Um sie zu erkennen, müssen wir deshalb unsere Achtsamkeit trainieren, damit sich das Zeitfenster der schönen Momente nicht schließt, noch bevor wir sie wahrgenommen haben.

Alles, was wir brauchen, um in einer Beziehung glücklich zu sein, existiert bereits. Nur ist es so wie mit vielen Dingen, die wir aus unserem Wahrnehmungsspektrum ausgeblendet haben, weil wir uns schlicht nicht dafür interessieren. Und tatsächlich, die meisten Menschen interessieren sich nicht für ihr Beziehungsglück, sondern nur für die Erfüllung ihrer eigenen Bedürfnisse, weshalb sie ihre Wahrnehmung nicht aktiv auf das fokussieren, was die Beziehung lebendig macht, sondern auf die vermeintlichen Defizite.

Egal, wie lange eine Beziehung schon anhält, wir haben das Bild vom Partner im Kopf, das wir uns von ihm kreiert haben, und an ihm halten wir auch tapfer fest. Das kann durchaus seinen Charme haben, wenn Oma den Opa immer noch als jungen Draufgänger sieht und nicht als gebrechlichen alten Mann. Weniger charmant ist es, wenn der Partner einen Stempel aufgedrückt bekommt. Da erlebt ein Mann seine Partnerin als zerstreut und unorganisiert, weshalb er davon überzeugt ist, die wichtigen Dinge besser selbst in die Hand zu nehmen. Er nimmt seiner Partnerin damit ein Stück Selbstständigkeit, was sie passiv werden lässt. Dieser Mann hat an dem Bild, das er sich von seiner Partnerin gemacht hat, kräftig mitgewirkt und es fest zementiert, statt ihr Raum für eine eigene Entwicklung zu lassen. Bei einem anderen Paar sieht die Frau in ihrem Ehemann einen wenig geselligen Menschen, weshalb sie die sozialen Kontakte pflegt und meist die Unterhaltungen dominiert. Ihr Mann hat keine Chance, sich im Freundeskreis selbst zu positionieren, weil alle Positionen bereits von seiner Frau belegt sind. Letztlich fügt er sich in das Bild, das seine Frau für ihn vorgesehen hat.

Wir nehmen den anderen also so wahr, wie wir ihn wahrnehmen möchten, und werden dabei blind für viele Aspekte seiner Persönlichkeit und für wichtige Veränderungsprozesse, weil wir uns um das, was wir zu kennen glauben, nicht mehr bemühen.

Wir bemerken nicht das neue Kleid oder die berufliche Anstrengung, geschweige denn das, was den anderen bewegt. Freilich sind wir selbst mit dem Alltag beschäftigt und hoffen darauf, der Partner möge sich äußern, wenn er etwas braucht oder sich mitteilen möchte. Aber selbst wenn das funktioniert, sind wir mit den Gedanken nicht wirklich bei ihm, sondern bei tausend anderen Dingen, die noch zu erledigen sind oder die uns selbst gerade bewegen. Echte Nähe und Zweisamkeit kann so nicht entstehen. Eine Zweckgemeinschaft durchaus, vielleicht auch ein gut funktionierendes Team, aber Sie werden sich nicht in Ihren Seelen berühren und das Glück und die Liebe in der Zweisamkeit empfinden, das eine Beziehung so wertvoll und lebendig macht.

Wenn Sie es nicht so weit kommen lassen möchten oder wenn Sie in einer in die Jahre gekommenen Beziehung leben, die ihre Lebendigkeit verloren hat, dann sollten Sie sich mit dem Thema der Achtsamkeit auseinandersetzen. Im Grunde handelt es sich um einfache Übungen, die sich wunderbar in den Alltag integrieren lassen. Und gerade weil sie so einfach sind, könnte man meinen, die Achtsamkeit ließe sich schnell und problemlos umsetzen. Nun wissen wir aber inzwischen, dass das Gehirn Muster liebt und gerne daran festhält. Achtsamkeit gehört im Regelfall nicht zum Repertoire der gängigen Denk- und Verhaltensmuster. Wir müssen sie also trainieren, um langsam, aber sicher neue Muster zu schaffen.

Ein neues Muster zu kreieren bedeutet, ein altes Muster aufzugeben. In unserem Fall ist es die Achtlosigkeit. Aber da uns die Achtlosigkeit schon sehr vertraut ist und uns irrationalerweise Sicherheit vorgaukelt, geben wir sie nicht freiwillig auf, es sei denn, ein anderes Muster begeistert uns so sehr, dass wir bereit sind, dafür zu trainieren. Sobald sich dann das neue Muster in unserem Gehirn etabliert hat, verblasst das alte. Es fühlt sich in etwa so an, als ob Sie eine neue Sprache lernen würden. Am Anfang ist alles mühevoll, und Sie müssen intensiv arbeiten, um die neuen Vokabeln zu verinnerlichen. Aber je länger Sie dranbleiben, umso leichter fällt es Ihnen, das Gelernte umzusetzen. Und irgendwann ist Ihnen die neue

Sprache so vertraut, dass Sie sich mühelos verständigen können. Ganz nebenbei eröffnet sich Ihnen eine ganz neue Welt, die Ihnen bis dahin verborgen blieb.

So ähnlich ist es mit der Achtsamkeit. Achtsamkeit bedeutet sinnliches Erleben auf allen Ebenen der Wahrnehmung. Wenn Sie es schaffen, die Achtsamkeit in Ihren Paaralltag zu integrieren, dann erleben Sie ein tieferes Verständnis füreinander, werden gelassener, liebevoller und zugewandter. Stellen Sie sich vor, was sich für Sie verändert, wenn Sie beispielsweise beim Sex ganz bei Ihrem Partner sind, ohne ein Ziel vor Augen zu haben. Nur der Augenblick zählt und die sinnlichen Eindrücke, die er bietet. Sie riechen den Partner an unterschiedlichen Stellen seines Körpers und geben dem Geruch einen Namen. Sie streicheln über seine Haut und nehmen jede kleine Unebenheit wahr, die Beschaffenheit der Haut, ihre Temperatur, ihre Farbe. Jedes noch so kleine Detail wird zu einer großen und wichtigen Sache, die es verdient, beachtet zu werden. So auch jede Bewegung Ihres Partners, jeder Ausdruck in seinem Gesicht, der ein Gefühl verrät, und jedes Wort, das er sagt. Sie können es gleich versuchen oder erst noch ein paar Trockenübungen machen, die Ihnen ein Bewusstsein und ein Gefühl für Achtsamkeit vermitteln. Nachfolgend habe ich für Sie Beispiele aus meiner eigenen Erfahrung zusammengestellt, die zeigen, wie das aussehen könnte.

Achtsamkeit in der Berührung

Wir berühren ständig etwas mit unseren Fingern oder greifen nach einem Gegenstand, um ihn von A nach B zu transportieren. Das geht meist vor sich, ohne dass wir groß darüber nachdenken. Dabei könnte das Berühren von Gegenständen ein sinnlicher Genuss sein, der uns jederzeit zur Verfügung steht.

Sie müssen nichts weiter tun, als in Ihre Finger hineinzuspüren, wenn Sie einen Gegenstand berühren.

Ich sitze im Moment auf meinem Sofa, den Laptop auf meinen Beinen, und schreibe dieses Buch. Meine Finger berühren unablässig die Buchstaben auf der Tastatur. Ich höre ihren Takt und stelle fest, dass er sich etwas hektisch anhört, weil meine Finger schnell und mit kurzen Pausen über die Tastatur huschen. Ich konzentriere mich auf meine Fingerspitzen und werde mir ihrer glatten Oberfläche bewusst; dabei spüre ich den Drang, mit meinen Fingerspitzen über einzelne Buchstaben der Tastatur zu streichen.

Ich gebe dem nach und lenke meine Aufmerksamkeit ganz auf den linken Zeigefinger, der jetzt den Buchstaben »F« in sanften, kreisenden Bewegungen erforscht. Er fühlt sich glatt an, ohne Unebenheiten. Plötzlich bemerke ich direkt unter dem Buchstaben eine Erhebung. Eine Linie, kaum zu sehen, aber zu spüren. Sie ist vielleicht einen halben Zentimeter lang, groß genug, um sie zu bemerken. Bis zu diesem Augenblick ist sie mir noch nie aufgefallen. Jetzt bemerke ich auch auf dem »J« diese Erhebung, die sonst auf keiner anderen Taste zu finden ist. Ich vermute, die Linien bei »F« und »J« sind als Orientierung für das Schreiben mit allen zehn Fingern gedacht. Eine neue Erkenntnis, die mir bis jetzt verborgen geblieben war. Zugegeben, keine weltbewegende Erkenntnis. Nichts, was irgendeinen Einfluss auf mein Leben haben wird. Dennoch habe ich durch meine Aufmerksamkeit etwas erfahren, was ich noch nicht wusste. Und darum geht es mitunter, wie auch um das Gefühl der vollkommenen Präsenz im Augenblick und das sinnliche Vergnügen, das wir dabei empfinden können.

Wie können Sie das achtsame, spürende Wahrnehmen auf Ihre Beziehung übertragen? Ich schlage Ihnen dazu die folgende Übung vor:

Schließen Sie Ihre Augen, und ertasten Sie das Gesicht Ihres Partners. Teilen Sie ihm mit, welche Informationen Ihre Fingerspitzen an Ihr Bewusstsein senden, und genießen Sie die Konzentration auf das, was Ihre Fingerspitzen erforschen. Ganz nebenbei schüttet Ihre Körper das sogenannte Kuschelhormon Oxytocin aus, das Nähe und Bindung vertieft.

Sie sollten von Ihrem Partner nicht erwarten, dass er die gleiche Übung im Gegenzug nun auch bei Ihnen macht. Es ist erst einmal Ihr ganz persönliches, sinnliches Erleben, das Sie auskosten dürfen.

Achtsamkeit im Sehen

Es ist noch früh am Morgen, als ich aus dem Fenster schaue und mich an dem wunderschönen Rapsfeld vor meinem Haus erfreue, das inzwischen seine Blüten abgeworfen und Samenstände gebildet hat. Das ganze Feld scheint mit schimmernden Wattebällen überzogen. Da ist noch etwas ... ich kann nicht genau erkennen, was es ist, vermute aber ein Meer aus Spinnweben. Ich beschließe, der Sache auf den Grund zu gehen. Bei näherer Betrachtung des Feldes vom Garten aus sehe ich: Tatsächlich, es handelt sich um einen ganzen Staat von Spinnen, die auf dem Feld ihre kunstvollen Häuser gesponnen haben. Eigentlich gruselt es mir vor Spinnen, und ich mag sie nicht so gerne näher betrachten, aber nun bin ich ihnen schon mal ganz nahe, darum sollen sie auch meine Beachtung finden. Ich wähle ein Spinnennetz aus und vertiefe mich in das, was ich sehe. Das Netz ist mit kleinen Tautropfen benetzt. Das Licht bricht sich in den zarten Perlen und lässt die filigrane Architektur sichtbar werden. Es handelt sich nicht um eines der üblichen Spinnennetze, die rund wie Wagenräder an den Hauswänden zu finden sind. Vielmehr sieht das Gewebe wie ein Kokon aus, der trügerische Geborgenheit vermittelt und so gar nicht in die Vorstellung einer tödlichen Falle für Insekten passen mag. Der Kokon umschließt alle Samenstände einer Rapspflanze und findet einen zusätzlichen Halt durch lange Fäden zu den benachbarten Pflanzen. Es sieht aus, als ob die Netze mit diesen dünnen Fäden miteinander verbunden wären. Die »Hausbesitzerin« kann ich leider nicht sehen. Ich nehme an, sie lauert geduldig in einem Versteck. Ich sitze noch eine Weile vor dem Spinnennetz und beobachte, wie es sich durch die Sonneneinstrahlung verändert.

Das ganze Spektrum der Eindrücke niederzuschreiben, das mir das Beobachten des Spinnennetzes vermittelt hat, würde den Rahmen dieses Kapitels sprengen. Aber ich denke, das Gesagte ist ausreichend, um Ihnen eine Vorstellung vom achtsamen Sehen zu vermitteln und wie Sie es üben können. Dabei ist es unerheblich, was Sie bewusst betrachten. Die Kunst besteht darin, sich ganz auf diesen Augenblick der Beobachtung einzulassen, um jedes Detail mit Interesse und Neugierde zu erfassen. Erst dann sind Sie in der Lage, die volle Bandbreite Ihrer sehenden Möglichkeiten auszuschöpfen.

Wie können Sie das achtsame Sehen auf Ihre Beziehung übertragen?

Beobachten Sie Ihren Partner ganz bewusst für ein paar Minuten. Dazu reicht es nicht, wenn Sie mal kurz die Tätigkeit unterbrechen, mit der Sie gerade beschäftigt sind. Damit Sie wirklich konzentriert sein können, müssen Sie sich vollkommen dieser Übung widmen. Schauen Sie genau hin: Wie bewegt sich Ihr Partner? Welche Farbe hat seine Haut, und welche Form haben seine Augen? Nehmen Sie nur auf, ohne zu bewerten.

Ich bin mir sicher, Sie werden etwas Neues entdecken, das Ihnen bisher entgangen ist.

Bleiben Sie auch im Alltag mit Ihrer Aufmerksamkeit präsent. Schauen Sie beispielsweise Ihrem Partner in die Augen, wenn Sie mit ihm sprechen.

Dafür müssen Sie sich ihm zuwenden und gegebenenfalls das, was Sie gerade tun, unterbrechen. Das kann manchmal etwas anstrengend sein, weil man das Gefühl hat, eigentlich gerade mit etwas Wichtigerem beschäftigt zu sein. Wenn Sie dieses Gefühl bei sich bemerken, bitten Sie Ihren Partner um etwas Geduld, um erst Ihre Tätigkeit abschließen zu können. Damit bringen Sie ihm oder ihr Achtsamkeit und Wertschätzung entgegen.

Achtsamkeit im Riechen

Wenn ich die Truhe öffne, die ich aus Nigeria mitgebracht habe, schlägt mir ein vertrauter Geruch entgegen, der mich in Sekundenschnelle 35 Jahre in die Vergangenheit katapultiert. Bilder tauchen auf von roter Erde, wiegenden Hüften, dunkler Haut, großen braunen Augen. Ein Haus auf staubigem Grund, feuchte Hitze und eine Luft, die nach sattem Leben riecht. Schöne Erinnerungen, denen ich mich gerne hingebe.

Wir sind umgeben von Gerüchen, die unser Denken und Handeln beeinflussen. Meist, ohne dass uns das bewusst ist. Nur die starken Gerüche dringen in unser Bewusstsein und bringen die unterschiedlichsten Gefühlszustände hervor, von Ekel bis Verzückung. Wir riechen gerne an einer Blume oder am geliebten Menschen, ergreifen aber angeekelt die Flucht, wenn uns fauliger Gestank entgegenschlägt.

Bei meinen Streifzügen durch den Wald bleibe ich manchmal stehen und rieche an der Rinde eines Baumes oder am feuchten Moos der Walderde. Ich mache das so lange, bis ich den Duft benennen kann und Analogien finde. Das fordert meine ganze Aufmerksamkeit, und ganz nebenbei schärft es meinen Geruchssinn, aber auch meine Erinnerung an diesen Moment, der ein Wohlgefühl in mir ausgelöst hat.

Fangen Sie an, bewusst zu riechen. Das ist eine einfache Achtsamkeitsübung, die weder Zeit noch Anstrengung von Ihnen fordert. Wenn Sie beispielsweise ein Gericht zubereiten, dann riechen Sie an den Zutaten, bevor Sie diese verarbeiten. Während Sie riechen, realisieren Sie, was der Geruch bei Ihnen auslöst. Wie möglicherweise der Speichel in Ihrem Mund vermehrt fließt oder gar Erinnerungen und Gefühle ins Bewusstsein drängen. Riechen Sie, wie sich der Geruch verändert, sobald die Zutaten verarbeitet werden, und wie sie sich schließlich beim Essen als Geschmack in Ihrem Mund entfalten.

Wie können Sie das achtsame Riechen auf Ihre Beziehung übertragen?

Wenn Sie Ihren Partner das nächste Mal umarmen, dann atmen Sie seinen Duft ein und versuchen ihn zu benennen. Werden Sie sich der Gefühle bewusst, die der Duft Ihres Partners in Ihnen auslöst.

Der Geruch eines geliebten Menschen ist für uns unvergleichlich und mit Vertrautheit und Wohlgefühl verbunden. Gute Gründe, um diesem Geruch in Zukunft mehr Aufmerksamkeit zu widmen.

Achtsamkeit im Schmecken

Wer gut riechen kann, der kann auch gut schmecken. Ohne unser Riechorgan könnten wir gerade mal fünf unterschiedliche Geschmacksrichtungen erkennen. Süß, sauer, salzig, bitter und würzig (umami). Beim Kauen werden aber Duftmoleküle freigesetzt, die über den Rachen die Riechschleimhaut erreichen. 350 Rezeptoren sind dort damit beschäftigt, über 10 000 Gerüche zu unterscheiden. Wenn die Nase dicht ist, schmeckt jedes Essen fade. Halten Sie sich probeweise die Nase zu, während Sie etwas essen. Sie werden kaum etwas schmecken. Jeglicher Genuss der Speise wird Ihnen verleidet sein. Wenn aber alles gut funktioniert, lehnen wir uns nach einer schmackhaften Mahlzeit wohlig lächelnd zurück. Wir fühlen uns im Frieden mit uns selbst und unserem Umfeld. Oscar Wilde hat es folgendermaßen ausgedrückt: »Nach einem guten Essen ist man bereit, jedem zu verzeihen, selbst den eigenen Verwandten.« Obwohl wir alle diese gute Erfahrung kennen, schlingen wir unser Essen oft hinunter, als ob es danach für den Rest unseres Lebens nichts mehr zum Essen gäbe. Wie es geschmeckt hat, wissen wir nicht wirklich, und oft vergessen wir sogar, womit wir tagsüber unseren Körper vollgestopft haben.

Wissen Sie wie eine getrocknete Rosine schmeckt? Süß natürlich – und wie noch? Welche Konsistenz bekommt sie, wenn Sie die Frucht lange im Mund behalten?

Jon Kabat-Zinn, der die ursprünglich buddhistische Achtsamkeitsmeditation einem breiten westlichen Publikum bekannt gemacht hat, hält seine Seminarteilnehmer dazu an, genau das auszutesten. Wie schmeckt eine Rosine, wenn man ihr alle Aufmerksamkeit schenkt? Machen Sie jetzt gleich den Test. Wenn Sie keine Rosine haben, dann darf es auch etwas anderes Essbares sein. Nur ein kleines Stückchen, das Sie mit Zähnen und Zunge bearbeiten. Machen Sie sich bewusst, wie sich der Geschmack verändert und was in Ihrem Mund passiert. Versuchen Sie, diese Erfahrung auf Ihre nächste Mahlzeit zu übertragen.

Wie können Sie das achtsame Schmecken auf Ihre Beziehung übertragen?

Erinnern Sie sich an die Erfahrung aus Ihrem Rosinen-Experiment, wenn Sie Ihren Partner küssen, und versuchen Sie, ihn ebenso bewusst zu schmecken, wie Sie es mit der Rosine oder den anderweitigen Genussbissen in Ihrem Mund getan haben.

Achtsamkeit im Zuhören

Axel ist ein begeisterungsfähiger Mann, der die Philosophie des Zen in seinem Kampfsportstudio nicht nur lehrt, sondern sie auch aktiv lebt. Nicht fundamentalistisch, aber doch für unser westliches Verständnis konsequent, in minimalistischer Lebensweise und Achtsamkeit. Vor vielen Jahren erteilte er mir, ohne es zu ahnen, eine Lektion im achtsamen Zuhören, die mich tief beeindruckte.

Wir waren sieben Freunde, die sich zum Essen beim Griechen im Nachbarort trafen. Jeder hatte etwas zu erzählen, so auch Hanni, die Axel vom Kauf ihrer neuen Waschmaschine berichtete. Ich empfand das Thema als zu banal, als dass es mich wirklich interessiert hätte, und erst recht nicht in der Detailtreue, in der es von Hanni ausgeführt wurde. Gespannt wartete ich darauf, dass sich Axel gelangweilt abwenden oder das Thema wechseln würde. Nichts davon geschah. Im Gegenteil, er war Hanni ganz zugewandt und mit voller Aufmerksamkeit bei dem, was sie über ihre neue Waschmaschine berichtete. Sein Gesicht verriet seine Präsenz und Konzentration, als ob es um das wichtigste Thema der Welt ginge. Er stellte vertiefende Fragen, würdigte Hannis Wissen über die technische Ausstattung des Gerätes, wiederholte ihre prägnanten Aussagen zur besseren Verständigung und blieb mit seiner Aufmerksamkeit präsent, bis Hanni schlussendlich selbst das Thema beendete und Axel sich mir zuwandte mit den Worten:

»Ich hatte mich bisher nie mit dem Thema Waschmaschine beschäftigt, weshalb mir auch nicht klar war, welche Möglichkeiten in diesem Haushaltsgerät stecken. Es ist ein Glück, dass Hanni sich die Zeit genommen hat und mich an ihrem Wissen teilhaben ließ.« Dabei hatte Axel zu diesem Zeitpunkt weder eine Waschmaschine, noch hatte er vor, sich eine anzuschaffen.

Zu Beginn des Gesprächs hatte ich Mitleid mit Axel gehabt, weil ich dachte, Hanni dränge ihm ein banales Thema auf, dem er sich nur aus Höflichkeit widmete. Wie sehr ich mich geirrt hatte, wurde mir schon klar, als ich das Gespräch zwischen den beiden verfolgte und Zeugin von Axels uneingeschränkter Aufmerksamkeit wurde. Aber dass er das Gespräch als Glück empfand, war für mich ein ganz neuer Gedanke, der mir sicher nicht in den Sinn gekommen wäre.

Seither begleitet mich diese Schlüsselsituation bei meinen Gesprächen. Zugegeben, es ist immer wieder eine Herausforderung für mich, auch den Unterhaltungen meine volle Aufmerksamkeit zu widmen, deren Inhalte mir wenig relevant erscheinen. Aber sobald ich mich einer Person zuwende und die bewusste Entscheidung treffe, ihr meine volle Aufmerksamkeit zu widmen, empfinde ich es wie Axel als Glück, an ihren Gedanken teilhaben zu dürfen und zu hören, was hinter dem Thema mitschwingt. Nämlich die Vielfalt einer Persönlichkeit, die mir durch ihr Thema einen Einblick gewährt.

Wie können Sie das achtsame Zuhören auf Ihre Beziehung übertragen? Das ist die wichtigste und gleichzeitig die schwierigste Übung. Mit Achtsamkeit zuzuhören, bedeutet, sich dem Partner ganz zu widmen und jedes seiner Themen ernst zu nehmen. Tun wir das nicht, weil uns andere Dinge wichtiger erscheinen, werden wir wichtige Informationen über die Beziehung und über die Person verpassen, die wir lieben.

Wenn Ihr Partner Ihnen das nächste Mal etwas erzählt, was ihn interessiert oder bewegt, üben Sie sich ganz bewusst darin, ihm aktiv und interessiert zuzuhören, ohne ihn zu unterbrechen. Fassen Sie wichtige Inhalte zusammen, um zu signalisieren, dass Sie zugehört und verstanden haben.

Stellen Sie vertiefende Fragen, und lassen Sie sich nicht dazu hinreißen, voreilig Ihre Meinung kundzutun, weil Sie glauben, bereits alles zu wissen, bevor Sie das Gesagte vollständig erfasst haben.

Damit meine ich, nicht nur dem von Ihrem Partner formulierten Thema aufmerksam anzuhören, sondern es wirklich in Ihrem Gehirn zu verarbeiten. Manchmal müssen Sie hierzu auch seine Position einnehmen oder selbstkritisch die eigene Position überdenken. Das erfordert eine offene Selbstreflexion und ein gesundes Selbstbewusstsein in der Auseinandersetzung mit den eigenen Themen, Vorstellungen und Erwartungen.

Unterbrechen Sie nur in wichtigen Ausnahmefällen das Gespräch, auch wenn Sie noch so sehr in Eile sind. Bleiben Sie präsent. Es gibt in diesem Augenblick nichts Wichtigeres als Ihren Partner und das, was er zu sagen hat.

Wer achtlos durchs Leben stolpert, bringt sich um die Sinnlichkeit, die das Leben zu bieten hat. Jede Berührung in Achtsamkeit lässt uns die Verbundenheit mit dem Leben spüren. Jedes aufmerksame Betrachten offenbart uns eine kleine Welt, die uns sonst im Verborgenen bliebe. Jedes aufmerksame Zuhören erschließt uns den Kosmos unseres Gegenübers. Jeder bewusst wahrgenommene Geruch wird zum Erlebnis, das Bilder, Erinnerungen und Geschichten in unserem Kopf entstehen lässt, die wir mit Gefühlen verbinden.

Wenn Sie das nächste Mal Zeit mit Ihrem Partner verbringen, dann setzen Sie Ihre fünf Sinne bewusst und in Achtsamkeit ein. Erwarten Sie aber nichts von Ihrem Partner, und drängen Sie sich nicht auf. Lassen Sie einfach geschehen, genießen Sie, was sich Ihren Sinnen bietet, und versuchen Sie anzunehmen, ohne zu bewerten. Die angenehmen Gefühle kommen dann ganz von alleine.

Ein paar Worte zu Beziehungskrisen

Fast jede Beziehung durchlebt früher oder später eine Krise. Diese Krisen sind meist der Auftakt für längst überfällige Veränderungen. Für manche Menschen ein guter Grund, um die Beziehung zu beenden, für andere ein Anlass, um an der Beziehung zu arbeiten. Ich denke, jede Krise birgt die Chance für eine neue Positionierung in der Beziehung, für Entwicklung und Lebendigkeit, selbst dann noch, wenn damit Schmerzen verbunden sind. Das ist aber immer noch besser, als in latenter Unzufriedenheit aneinander vorbeizuleben.

Allerdings können in der Krise hochkochende Emotionen einen nicht wiedergutzumachenden Schaden anrichten, weshalb wir gut beraten sind, sie unter Kontrolle zu halten, wie in diesem Buch bereits beschrieben. Es mag befremdlich klingen, doch im Grunde befinden wir uns in der Krise in einem ähnlichen Zustand wie bei der Verliebtheit. Nur ist unser Blick nicht auf all die positiven Eigenschaften unseres Partners gerichtet, sondern auf die negativen. Wir nehmen unseren Partner also gar nicht wirklich wahr, sondern mal wieder nur unser Bild von ihm, das wir uns im Zustand der Krise machen. Mit hoher Wahrscheinlichkeit entspricht es nicht der Realität, weil alles, was die Beziehung in der Vergangenheit lebendig gemacht hat, schlicht ausgeblendet wird.

Gerade in solchen Zeiten erscheint ein neuer Partner besonders aufregend und verlockend, weil er scheinbar alles repräsentiert, was die bestehende Beziehung nicht mehr zu leisten vermag. Aber auch eine neue Beziehung wird irgendwann zu einer in die Jahre gekommenen Beziehung mit Potenzial für Konflikte. Deshalb lohnt es sich immer, in einer Krise Geduld aufzubringen und die Energie, die eine neue Beziehung mit ungewissem Ausgang fordert, lieber in die bestehende Partnerschaft zu investieren. Haben Sie die Krise überstanden, können Sie davon ausgehen, dass Sie so schnell nichts mehr ins Wanken bringt. Krisen bringen Partner nicht nur auseinander, sondern einander auch näher. Letzteres ist der positive Aspekt einer Krise, sofern Sie bereit sind, sie zu bewältigen.

In schwierigen Beziehungszeiten sollten Sie auf das achten, was John Gottman in seinem Buch *Die sieben Geheimnisse der glücklichen Ehe* als »die vier apokalyptischen Reiter« bezeichnet. Sobald diese vier Unheilsbringer nämlich die Beziehung infiltriert haben, gefährden sie selbst die kleinste Pflanze der Hoffnung. Die vier apokalyptischen Reiter heißen Verachtung, Kritik, Rechtfertigen und Mauern.

Die vier apokalyptischen Reiter

Verachtung
Sie findet ihren Ausdruck in Respektlosigkeit, Zynismus und Abwertung und hinterlässt die tiefsten Wunden, weil sie den Selbstwert bedroht.

Kritik
Gottman rät dazu, Kritik in Form einer Beschwerde vorzutragen, um Schuldzuweisungen, Verallgemeinerungen und Angriffe auf die Persönlichkeit des Gegenübers zu vermeiden. Eine

Beschwerde bezieht sich hingegen auf eine konkrete Sache und vermeidet Verallgemeinerungen. Der Partner, der die Beschwerde vorbringt, bleibt bei sich und bei seinen Gefühlen, die er als Ich-Botschaften vermittelt.

Rechtfertigen

Wer sich rechtfertigt, bestätigt den Kritisierenden, bringt ihn aber gleichzeitig in die Position des Schuldigen, weil die Botschaft der Rechtfertigung lautet: »Du verstehst mich nicht« oder »Ich erfahre von dir keine Unterstützung«. Besser ist es, auf die Kritik einzugehen und nach den Bedürfnissen des Partners zu fragen. Meist steht hinter der Kritik nämlich ein Bedürfnis, das nicht erfüllt wurde.

Mauern

An einem gewissen Punkt zieht sich ein Partner zurück und lässt den anderen mit seinen Gefühlen alleine. Das kann man schon einmal für eine halbe Stunde machen, um sich zu sammeln, doch wenn es zum Dauerzustand wird, kommt die Kommunikation zum Erliegen. Die Partner haben keine Berührungspunkte mehr, teilen sich nicht mehr mit und verlieren sich.

Sind alle vier apokalyptischen Reiter bereits in die Beziehung eingefallen, dann liegt nach Gottman die Wahrscheinlichkeit eines Scheiterns der Beziehung bei 82 Prozent

Bleiben Sie deshalb achtsam im Umgang mit Ihrer Beziehung. Versuchen Sie, Ihre Liebe nicht im Alltag untergehen zu lassen. Nähren Sie das Positive Ihrer Verbindung, und bleiben Sie realistisch in Ihren Forderungen.

Humor als Mittel gegen die Widrigkeiten des Alltags

Das Leben ist im Grunde eine ernste Angelegenheit. Bei genauer Betrachtung gibt es nicht sonderlich viel zum Lachen. Täglich werden wir mit schlechten Nachrichten aus aller Welt konfrontiert. Und auch unser eigenes Leben ist meist nicht frei von kleineren oder größeren Problemen und Belastungen wie etwa Krankheiten oder Stress am Arbeitsplatz.

Damit wir damit klarkommen, ist unsere Psyche mit einem Immunsystem ausgestattet. Es ist die Verdrängung, die uns ein psychisches Überleben ermöglicht. Wären wir nicht in der Lage zu verdrängen, wir würden schon alleine an den täglichen Unglücksnachrichten zerbrechen. Wir würden uns vor psychischen Schmerzen krümmen, weil wir von dem Desaster, das wir Menschen auf dieser Erde anrichten, vollkommen vereinnahmt wären. Und wir würden in tiefe Depression verfallen, weil die Verletzungen oder gar Traumata, die wir persönlich erlebt haben, unsere Seele auffressen würden.

Ein starkes psychisches Immunsystem zu haben, bedeutet aber nicht, dass wir gewissermaßen mit Scheuklappen durch unser Leben gehen sollen. Ebenso, wie wir unser körperliches Immunsystem durch eine gesunde Lebensführung stärken können, können wir aktiv etwas dafür tun, unsere psychische Widerstandskraft gegen die schwierigen Aspekte unseres Lebens zu aktivieren.

Was ausgewogene Ernährung, Bewegung und wenig Stress auf körperlicher Ebene sind, sind auf psychischer Ebene Gedankenhygiene und die bewusste Konzentration auf die angenehmen Aspekte des Lebens. Nach meiner Einschätzung trägt Humor sehr viel dazu bei, das Immunsystem der Psyche zu stärken. Intuitiv wissen wir das auch – weshalb sonst steht Humor auf der Wunschliste ganz oben, wenn es um Eigenschaften geht, die wir an einem potenziellen Partner schätzen?

Mit Humor lässt sich manch heikle Situation entschärfen und das Leben von der heiteren Seite betrachten. In diesem Zusammenhang erinnere ich mich an eine Situation, die ich vor vielen Jahren mit meinem damaligen Ehemann erlebte.

Er neigte nicht dazu, Veränderungen meines Aussehens wahrzunehmen. Eine alte Hose konnte so zu einem neu gekauften Kleidungsstück werden und neue Ohrringe umgekehrt zum Schmuck, den ich seiner Meinung nach schon lange nicht mehr getragen hatte. Natürlich birgt diese Art von Unaufmerksamkeit ein gewisses Konfliktpotenzial. Ich wusste aber, dass ich meinem Mann als »Gesamtpaket« sehr viel bedeutete. Und seine Unaufmerksamkeit für neue Kleider und Ähnliches beinhaltete immerhin auch, dass er ebenso großzügig über neue Falten in meinem Gesicht hinwegsehen konnte. Ich machte mir eines Tages spontan einen Spaß daraus, über den wir immer wieder herzhaft lachen konnten.

Eines Abends lagen wir im Bett. Ich hing meinen Gedanken nach, und mein Mann las in einem Buch. »Ich war heute beim Friseur«, merkte ich an. »Mhm«, brummelte mein Mann, ohne aufzusehen. Sein Buch schien sehr spannend zu sein. Ich wartete ein paar Sekunden und sagte dann: »Sie sind jetzt ganz kurz.« Erschrocken ließ mein Mann das Buch auf die Bettdecke fallen, während sein Kopf in meine Richtung schnellte. Seine Augen waren weit aufgerissen, und sein Gesicht zeigte unfassbares Erstaunen. Ich fing lauthals an zu lachen. Im selben Augenblick wurde ihm bewusst, dass ich ihn auf den Arm genommen hatte. Weder war ich beim Friseur gewesen, noch hatte ich kurze Haare, was ihm eigentlich hätte klar sein müssen, weil wir den ganzen Tag miteinander verbracht hatten. Nun musste auch er herzhaft über meinen Scherz lachen.

Wir sind alle nur Menschen, und natürlich haben wir Schwächen. Es tut uns gut, wenn unser Gegenüber humorvoll mit unseren Schwächen umgeht und ihnen vielleicht auch etwas Positives abgewinnen kann.

Ich selbst habe einen Sack voll Kobolde, den ich immer mit mir herumschleppe, was zu allerlei Missgeschicken führen kann. Die umgestoßene Kaffeekanne ist eine eher harmlose Variante, der Sprung im Waschbecken eine eher ärgerliche. Und ich war froh, dass mein Partner mit meinen Kobolden nicht auf Kriegsfuß stand, sondern sie schmunzelnd als einen Teil meiner Persönlichkeit akzeptierte.

Immer wieder bewundere ich meine Tochter dafür, wie selbstverständlich sie mit ihren Schwächen umgeht und aus einem (vermeintlichen) Missgeschick eine Anekdote zur Unterhaltung ihres Umfeldes macht. Manchmal setzt sie es mit einer guten Portion Übertreibung noch zusätzlich in Szene.

Sich selbst, den Partner und die Welt humorvoll zu betrachten, bedeutet nicht, alles ins Lächerliche zu ziehen. Es bedeutet auch nicht, sich mit Sarkasmus oder gar Zynismus über Wasser zu halten und andere Menschen bloßzustellen. Das sind vielmehr psychische Überlebensmechanismen deren Auslöser die Frustration ist. Humor lacht über sich selbst und nicht über andere. Darum sollten Sie ihn bitte auch nicht mit Schadenfreude oder Ironie verwechseln.

Nicht jeder Mensch ist mit einem gesunden Humor ausgestattet. Das ist nicht weiter schlimm, weil man Humor lernen kann. Das Internet ist voll mit Seminarangeboten und Onlinetrainings. Man muss es nur wirklich wollen, was aber schwierig wird, wenn man sich in seinem Ärger festbeißt. Sollte dies der Fall sein, lohnt es sich, Gedankenhygiene zu praktizieren und die Ärger-Gedanken mithilfe der Fragetechnik von Albert

Ellis einer genaueren Prüfung zu unterziehen (vgl. dazu die Abschnitte »Gedankenhygiene« und »Irrationale Gedanken«).

Wenn Sie mehr Humor in Ihren Alltag bringen möchten, können Sie folgendermaßen damit anfangen:

- Denken Sie darüber nach, wie eine außenstehende Person auf eine Schwäche Ihres Partners mit Humor reagieren würde, und versuchen Sie es dann Ihrerseits umzusetzen.
- Wenn Sie das nächste Mal von einem Autofahrer bedrängt oder beschimpft werden, winken Sie ihm fröhlich zu, statt sich aufzuregen. Sollten Sie eine rote Clownsnase griffbereit haben, setzen Sie sich diese auf Ihre Nase, während Sie winken. Ich versichere Ihnen, es wird seine Wirkung nicht verfehlen.
- Erzählen Sie sich gegenseitig Situationen aus Ihrem Leben, über die Sie lachen können.
- Versuchen Sie herauszufinden, wie Sie Ihren Partner zum Lächeln bringen können.
- Beschweren Sie sich nicht über die missmutigen Gesichter, die Ihnen begegnen. Gehen Sie vielmehr auf diese Menschen offen und freundlich zu, und zeigen Sie ehrliches Interesse. Wenn es Ihnen dann noch gelingt, eine humorvolle Bemerkung zu machen, werden Sie mit größter Wahrscheinlichkeit mit einem Lächeln belohnt.

Beim humorvollen Umgang mit sich selbst und anderen geht es nicht darum, laut und auffallend witzig zu sein. Humor kann auch leise sein. Und Sie müssen auch nicht ununterbrochen witzig sein und damit am Ende zum Clown mutieren. Wo und wie auch immer Sie den Humor einsetzen – die Hauptsache ist, Sie nehmen eine wertschätzende und wohlwollende Haltung sich selbst und Ihrem Partner gegenüber ein.

BEZIEHUNGSHELFER IM ALLTAG

In meinem letzten Kapitel möchte ich Ihnen einige hilfreiche Strategien mitgeben, die Sie dabei unterstützen, die Liebe wachsen zu lassen oder lebendig zu halten. Experimentieren Sie damit, und werden Sie selbst zum Experten für Ihre Beziehung.

Rede mit mir!

Eine gelungene Kommunikation ist das Bindeglied zwischen zwei Menschen. Das gilt ganz besonders in einer Partnerschaft. Das wechselseitige Gespräch kann nach Jahren der Zweisamkeit recht mager ausfallen, wenn man glaubt, den anderen bestens zu kennen, und das Gefühl hat, dass es eigentlich nichts mehr zu sagen gibt.

Beziehungsmäßig ist doch eh alles schon in trockenen Tüchern – wozu also noch der Aufwand, irgendwelche Gesprächsthemen zu suchen oder Interesse vorzutäuschen, wo nun mal keines ist? Das ist wahr. Interesse sollte man nicht vortäuschen, und sich irgendwelche Themen aus der Nase zu ziehen, nur damit man miteinander geredet hat, ist auch nicht das Gelbe vom Ei. Aber falls dem in Ihrer Beziehung so sein sollte, sollten Sie sich vielleicht doch fragen, was in Ihrer Beziehung noch lebendig ist und warum Ihre grauen Zellen faul und träge geworden sind.

Man könnte jetzt auch ins Feld führen, dass Männer und Frauen sich doch ohnehin nie richtig verstehen, weil Frauen andere Themen haben als Männer und überhaupt einen größeren Redebedarf. Richtig, Frauen und Männer haben verschiedene Themen, und falsch, Frauen reden nicht mehr als Männer.

Frauen reden über Zwischenmenschliches, Männer über sachliche Dinge. Während Letztere in Meetings zur Hochform auflaufen oder beim Fachsimpeln im Baumarkt nicht mehr zu stoppen sind, fühlen Frauen sich im emotionalen Austausch in ihrem Element. Das heißt aber nicht, dass Frauen nichts mit sachlichen Themen anfangen können und Männer unfähig sind, sich auf der Gefühlsebene auszutauschen. Vielmehr soll lediglich zum Ausdruck gebracht werden, wo tendenziell die Themen von Männern und Frauen liegen. Frauen spekulieren im Allgemeinen lieber und häufiger als Männer über das, was hinter einer Handlung oder einer Aussage stecken könnte. Dabei ist ihre Trefferquote meist erstaunlich hoch. (Allerdings nicht in Zeiten der Verliebtheit!) Den meisten Männern liegt diese Art der Spekulation fern. Sie verlassen sich auf das, was sie sehen und hören, und gut ist – eine Vorgehensweise, die zugegebenermaßen deutlich weniger kräftezehrend ist als das Spekulieren und Interpretieren. Doch da wir nun mal naturgemäß so sind, wie wir sind, sollten wir uns damit arrangieren, statt zu hinterfragen, warum das alles so ist. Das kostet unnötig Energie und führt letztlich zu keinem brauchbaren Ergebnis. Wichtig ist nur, zu wissen, dass es so ist und was sich daraus machen lässt.

Für die Männer

Frauen sind weniger direkt als Sie. Das bedeutet, dass sie nicht immer klar und deutlich formulieren, was sie wirklich wollen. Manchmal können sie das auch nicht, weil sie nur ein ungutes Gefühl verspüren, das sie nicht zuordnen können. Wenn sie aber über dieses Gefühl reden können und in Ihnen einen Partner haben, der interessiert nachfragt, ohne ungefragt Lösungen zu präsentieren, dann können Sie nicht nur punkten, sondern helfen Ihrer Partnerin auch noch dabei, den Grund ihres Unwohlseins auszumachen.

Manchmal reißt Ihre Partnerin vielleicht auch bestimmte Themen an oder erfragt Ihre Meinung, um herauszufinden, wie Sie in der Beziehung zu ihr stehen. Um das zu veranschaulichen, möchte ich Ihnen eine Geschichte erzählen, die sich bei einem Paar in meinem Bekanntenkreis zugetragen hat.

Manuela arbeitete in der Marketingabteilung eines großen Konzerns und bekam die Möglichkeit angetragen, für zwei Jahre beim US-Tochterkonzern zu arbeiten. Sie besprach das mit Markus, ihrem Lebensgefährten, der ihr freudestrahlend gratulierte und ihr bestätigte, was für eine großartige Chance das für sie sei. Vier Wochen später beendete Manuela die Beziehung zu Markus, der die Welt nicht mehr verstand. Nach seinem Empfinden hat er Manuela in ihren Wünschen und Bestrebungen unterstützt, und er hätte auch die zwei Jahre Auslandsaufenthalt mit ihr durchgestanden. Manuela wollte aber etwas ganz anderes, was sie dann auch einige Monate später mit einem anderen Mann realisierte. Sie hatte von Markus erwartet, dass er ihr sagte, sie solle nicht weggehen, weil er sie sonst zu sehr vermissen würde. Sie hatte gehofft, er würde ihr einen Heiratsantrag machen und über Familienplanung sprechen. Sie verstand seine Zustimmung zum Auslandsaufenthalt als das Aus für die Beziehung.

Vielleicht wären die beiden heute noch zusammen, hätte Manuela angesprochen, was sie wirklich hören wollte. Oder Markus hätte die Beziehung in den Mittelpunkt gestellt und nicht Manuelas berufliche Möglichkeiten. Für Sie als Mann bedeutet das: Im Zweifelsfall lieber die Frage aller Fragen stellen: »Was brauchst du von mir, damit es dir gut geht?«

Für die Frauen

Männer sind nicht so kompliziert wie Frauen, und sie streben es auch nicht an. Sie sind direkt und wollen es auch bleiben. Also sprechen Sie klar und deutlich an, was Sie wollen.

Fragen Sie beispielsweise niemals: »Kannst du die Getränkekiste aus dem Keller holen?« Er wird wahrscheinlich erwidern: »Natürlich kann ich das«, und seelenruhig vor dem Fernseher sitzen bleiben. Vielleicht fragt er sich noch, warum Sie eine solche Frage stellen. »Können« heißt für ihn nämlich nicht »jetzt erledigen«. Wenn Sie wollen, dass er die Getränkekiste holt oder sonst etwas für Sie tut, dann sagen Sie es auch: »Bitte hol die Getränkekiste aus dem Keller.« Zugegeben, ich habe etwas zugespitzt, aber Sie werden jetzt wissen, worum es mir geht. Wenn Sie von Ihrem Partner verstanden werden wollen, sollten Sie präzise und konkret formulieren, was Sie möchten. Das ist anders als bei einer Kommunikation von Frau zu Frau. Sehen Sie's doch mal positiv: Bei einem Mann müssen Sie nichts ausschmücken, Sie können alles direkt ansprechen. Er wird es nicht als unfreundlich empfinden. Man kann auch freundlich sein, wenn man etwas direkt anspricht.

Bei der Kommunikation in einer Paarbeziehung geht es aber um mehr als nur Ausdrucksregeln. Es geht um eine lebendige Liebe in der Partnerschaft, die ihren Ausdruck im Umgang miteinander findet – verbal wie nonverbal. Ich möchte Ihnen deshalb nachfolgend ein paar einfache Regeln mitgeben, die Sie in Ihrer Beziehung beherzigen sollten.

Kommunizieren Sie wohlwollend

Egal, um welches Thema es geht, unterstellen Sie Ihrem Partner Wohlwollen. Solange Sie das tun, werden Sie gut in Kontakt bleiben, auch dann noch, wenn Sie einmal nicht gleicher Meinung sind. Versuchen Sie also nicht, etwas zu unterstellen, was nicht gesagt wurde, nur weil in Ihrem Gehirn eine altbekannte Assoziationskette aktiviert wurde. Fragen Sie lieber noch einmal bei sich selbst nach, ob das, was Sie sich da in Ihrem Kopf zurechtgelegt haben, auch wirklich den Tatsachen entspricht.. Dazu müssen Sie Ihr Gegenüber aber ausreden lassen, auch wenn Sie denken, dass Sie schon wissen, was er/sie sagen möchte. Im Übrigen möchten Sie selbst sicher nicht, dass Ihr Partner sich anmaßt, schon zu wissen, was Sie sagen möchten, noch bevor Sie zu Ende gesprochen haben. Ungeduld ist ein schlechter Zuhörer. Denken Sie an die Achtsamkeit beim Zuhören. Seien Sie also geduldig, und machen Sie nicht irgendetwas anderes nebenher, während Sie Ihrem Partner zuhören. Sie verdienen die uneingeschränkte Aufmerksamkeit Ihres Partners, aber Ihr Partner eben auch die Ihre. Nehmen Sie sich selbst also beim Zuhören nicht so wichtig. Das heißt, hören Sie nur zu, und unterbrechen Sie nicht, weil Sie glauben, etwas besser zu wissen. Selbst wenn es so sein sollte: Behalten Sie es für sich. Erst wenn Ihr Partner ausgeredet hat, können Sie sein Wissen mit dem Ihren Ergänzen. Aber hüten Sie sich davor, Ihren Partner zurechtzuweisen. Damit demonstrieren Sie allenfalls Überlegenheitsgefühle – der beste Auftakt zu einem Machtkampf. Eine wertschätzende Unterhaltung wird so nicht möglich sein.

Akzeptieren Sie auch, wenn Ihr Partner anderer Meinung ist. Solange Sie nicht in Ihrer persönlichen Freiheit eingeschränkt werden, können Sie das, was er sagt, auch ruhig einmal stehen lassen.

Interessieren Sie sich für die Themen Ihres Partners

Es ist nie zu spät, Interesse für das zu entwickeln, was den Partner beschäftigt. Nachfolgend finden Sie Anregungen, die Ihnen den Einstieg erleichtern können. Und bei der praktischen Umsetzung des Abschnittes »Ein Abend nur für uns« werden Sie ganz sicher individuelle Themen finden, die nur Sie als Paar betreffen.

Erzählen Sie sich Erinnerungen aus Ihrem Leben
Bedeutsame Ereignisse, wichtige Beziehungen oder auch Peinlichkeiten aus dem Leben vor Ihrer jetzigen Beziehung sollten kein Tabuthema sein, sondern ein Zeichen des Vertrauens. Geben Sie etwas über sich preis, und zeigen Sie, dass Sie verletzlich sind. Das schafft Nähe und Vertrautheit.

Planen Sie Ihre Zukunft
Reden Sie über Ihre gemeinsame Zukunft, und das nicht nur zu Beginn der Beziehung, sondern immer wieder und ganz besonders dann, wenn Sie ein Ziel erreicht haben. Eine lebendige und kommunikative Beziehung braucht gemeinsame Projekte, Visionen und Pläne. Das muss nichts Großes sein, aber etwas, das Sie beide begeistert und in die gleiche Richtung blicken lässt. Solange Sie gemeinsame Pläne haben, bleiben Sie auch im Gespräch miteinander.

Sprechen Sie über Ihre Gefühle
Teilen Sie sich mit, wenn Sie etwas glücklich macht. Sprechen Sie aber auch offen über Trauer, Wut und Ohnmacht. Schweigen wäre hier die schlechteste Strategie, weil sie zum Mauern führt und damit einen der vier apokalyptischen Reiter in Ihre Beziehung lässt (vgl. dazu den Abschnitt »Die vier apokalyptischen Reiter«).

Planen Sie Ihr Wochenende

Sprechen Sie über die Dinge, die dringend erledigt werden müssen, aber besonders intensiv und ausführlich darüber, wie Sie Ihre Freizeit gemeinsam gestalten möchten. Das geht nicht zwischen Tür und Angel. Vielmehr sollten Sie sich Zeit dafür nehmen und die Vorfreude zelebrieren, indem Sie sich ausmalen, was Ihnen Freude macht und wie die Umsetzung aussehen sollte.

Sicher, man kann die Dinge auch auf sich zukommen lassen und spontan entscheiden, aber die Erfahrung zeigt, dass das Wochenende dann oftmals sprachlos vor dem Fernseher verbracht wird. Planen Sie also gemeinsam, damit sich Ihre Beziehung nicht in der Bequemlichkeit verliert.

Tauschen Sie sich aus

Reden Sie beispielsweise über den Film, den Sie im Kino gesehen haben. Über das, was Sie bewegt hat, welche Szenen Sie beeindruckt haben und wie Sie selbst in den gleichen Situationen reagiert hätten.

Sprechen Sie auch über Alltägliches, und äußern Sie Ihre Meinung über Politik und Zeitgeschehen. Und zeigen Sie Interesse an der Meinung Ihres Partners, ohne sie infrage zu stellen. Fragen Sie aber interessiert nach, um seine Beweggründe in Erfahrung zu bringen.

Sprechen Sie über andere

Reden Sie über Ihr soziales Umfeld, über Freunde, Kollegen und Familienangehörige. Ihre Eindrücke könnten für Ihren Partner wichtig sein und seine für Sie. Außerdem schafft es ein Wir-Gefühl, wenn Sie sich über andere austauschen. Sie sind beide Zaungäste, die andere beobachten und dabei im besten Fall etwas für sich oder die Beziehung lernen. Vielleicht geht es auch um Konflikte mit anderen oder um deren Probleme. Die Sichtweise des Partners kann zu mehr Objektivität oder Lösungsansätzen verhelfen.

Noch eine Anmerkung zum Schluss, die mir wichtig erscheint: Egal, welchen Themen Sie sich zuwenden und welche Emotionen damit verbunden sind oder auch nicht, das Gesagte wird sich im Gesicht der Frau viel lebhafter widerspiegeln als im Gesicht des Mannes. Das kann auf Seiten der Frau zu Irritationen führen und als Desinteresse interpretiert werden. Männer haben aber nun mal im Regelfall keine so lebendige Mimik wie Frauen. Sie sind durchaus freundlich zugewandt, aber in ihrer Mimik eher reglos, was eben ihrer Natur entspricht und nichts mit Desinteresse zu tun hat.

Verschwenden Sie keine Zeit – Stellen Sie W-Fragen

Nachfolgend habe ich Ihnen einige Fragen zusammengestellt, die Sie sich gegenseitig stellen sollten. Die Fragen für eine länger bestehende Beziehung sollten Sie sich im Laufe der Jahre immer wieder stellen, um festzustellen, wo Sie sich in der Beziehung befinden und inwieweit Sie sich noch nahe sind. Die Antworten auf die Fragen können ein gutes Beziehungsbarometer darstellen und aufzeigen, wo Handlungsbedarf besteht, damit man sich nicht verliert, oder um der Beziehung einen neuen Impuls zu geben.

Die Fragen für eine neue Beziehung schaffen Klarheit und im günstigsten Fall die Nähe, die Sie sich wünschen. Sie dienen aber ganz besonders dazu, herauszufinden, ob Sie weitgehend zusammenpassen und ob Sie die gleichen Ziele verfolgen. Bombardieren Sie aber Ihren Partner nicht aus heiterem Himmel mit den Fragen, sondern bereiten Sie sich in Ruhe darauf vor. Sie können Ihrem Partner auch die Fragen schriftlich geben mit dem Verspechen, sie selbst auch zu beantworten. Nach einer vereinbarten Zeit setzen Sie sich zusammen und lesen sich gegenseitig die Antworten vor, ohne sie zu kommentieren oder gar Rechtfertigungen zu finden. Lassen Sie die Antworten so stehen, wie sie geäußert wurden, und tauschen Sie das Niedergeschriebene aus, sodass jeder das Blatt des anderen in seinen Händen hält. Bewahren Sie die Antworten Ihres Partners wie einen Schatz auf.

Sofern die Antworten Ihres Partners Fragen aufwerfen oder Handlungsbedarf fordern, nehmen Sie sich immer nur eine Antwort vor, die Sie zu einem späteren Zeitpunkt lösungsorientiert miteinander besprechen. »Lösungsorientiert« bedeutet: ohne Schuldzuweisungen oder Rechtfertigungen. Es bedeutet, eine Lösung zu finden, mit der Sie beide zufrieden sind. Das setzt voraus, dass Sie die Antworten Ihres Partners bedingungslos akzeptieren, auch wenn sie Ihnen nicht gefallen.

Sind Sie ganz frisch in einer Beziehung, dann können Sie die Fragen bei Ihren Treffen immer mal wieder mit einfließen lassen. Aber vergessen Sie nicht, die Fragen auch für sich selbst zu beantworten.

W-Fragen, die Sie Ihrem Partner stellen sollten, wenn Sie schon länger in der Beziehung sind

- Was macht unsere Beziehung lebendig?
- Wie siehst du unser Sexleben?
- Was würdest du gerne in unserer Beziehung ändern?
- Wie sieht ein perfekter Tag für dich aus?
- Was haben wir für Gemeinsamkeiten?
- Was möchtest du gerne nur für dich machen?

- Wie viel Freiraum brauchst du und wofür?
- Was möchtest du, dass ich in Konflikten nicht zu dir sage?
- Was verletzt dich?
- Was nervt dich an mir?
- Wo mache ich dich glücklich?
- Welche Wünsche hast du, von denen ich noch nichts weiß?
- Was macht dich glücklich in unserer Beziehung?
- Was macht dich unglücklich?
- Wie verbringst du gerne Zeit mit mir?
- Wann fühlst du dich von mir geliebt und begehrt?
- Was sind deine Träume? Und wie kann ich dir helfen, sie zu realisieren?

W-Fragen, die Sie Ihrem Partner stellen sollten, wenn Sie sich gerade kennengelernt haben

- Wo siehst du dich in fünf Jahren?
- Wie viel Freiraum brauchst du?
- Wofür kannst du dich begeistern?
- Was würde dich in unserer Beziehung verletzen?
- Wie reagierst du auf diese Verletzungen?
- Was würde dich in unserer Beziehung glücklich machen?
- Welcher Mensch hat dich in deiner Kindheit am meisten geliebt?
- Welchen Menschen hast du in deiner Kindheit am meisten geliebt?
- Welche Vorbilder hast du?
- Wie würde dein Leben aussehen, wenn du es noch einmal von vorne beginnen könntest?
- Wenn du etwas in deinem Leben ändern könntest, was wäre das?
- Was ist das Tollste, das du in deinem Leben erreicht hast?

- Was ist das Schönste, was dir in deinem Leben widerfahren ist?
- Auf welche Erfahrung in deinem Leben kannst du verzichten?
- Wie wichtig sind dir Freunde?
- Wie wichtig ist dir deine Familie?
- Wie wichtig sind dir eigene Kinder?
- Was an deiner Persönlichkeit findest du gut und was weniger gut?
- Wovon träumst du?

Kleine Aufmerksamkeiten für die Liebe

Bevor ich anfing, dieses Kapitel zu schreiben, setzte ich einen Post in Facebook mit der Frage: »Was ist für euch ein Liebesbeweis?« Es war erstaunlich, wie viele Menschen damit nichts oder nur wenig anzufangen wussten. Antworten wie »Liebe braucht keine Beweise« oder »Wieso Beweis? Sind wir hier vor Gericht?« waren recht häufig, aber auch so berührende Aussagen wie »Wenn sie mich das Marmeladeglas öffnen lässt, damit ich meine Kräfte unter Beweis stellen darf« (Darius, vielen Dank für den Post). Oder wie Maria schrieb: »Mein Liebesbeweis wäre, wenn ich mit meinem Partner zum Fußballspielen gehe, obwohl mich Fußball gar nicht interessiert.« Pamela hingegen sieht einen Liebesbeweis darin, wenn ihr Partner sie gegenüber anderen verteidigt. Ulrike fühlt sich geliebt, wenn ihr Partner die Reifen ihres Autos wechselt, bevor sie selbst daran denkt. Und ganz besonders, wenn sie gestresst nach Hause kommt und er für sie gekocht hat. Thomas ist der Meinung, wenn seine Partnerin in jeder Situation zu ihm steht, dann ist das ein Liebesbeweis.

Liebesbeweise, oder nennen Sie es Aufmerksamkeiten der Liebe, Liebesbotschaften oder auch Liebeserklärungen, müssen nichts Großes sein und auch nicht inflationär werden. Sie sind aber für eine Beziehung wichtig und sollten in ihrer Wirkung nicht unterschätzt werden. Sobald wir dem geliebten Gegenüber eine Liebesbotschaft übermitteln möchten, beschäftigen wir uns nämlich mit der Liebe und den positiven Aspekten der Beziehung. Mit unserer Botschaft signalisieren wir dem Partner, dass wir ihn lieben und wertschätzen. Der Partner fühlt sich wahrgenommen und erinnert sich an die Liebe, die uns verbindet.

Trotzdem sollte ein Liebesbeweis ein *Wollen* sein und kein *Muss*. Wenn ein Liebesbeweis eingefordert wird, ist er kein Liebesbeweis mehr, weil der Antrieb dazu nicht auf einer freien Entscheidung basiert, sondern auf einem Zwang. Sie werden auch keine Lorbeeren ernten, wenn Sie Ihre Liebe verbal in berauschenden Botschaften bekunden, Ihr Verhalten aber eher gedankenlos ist. Das mag ganz am Anfang einer Beziehung noch funktionieren, aber nach ein paar Wochen sollten Taten folgen, sonst laufen Sie Gefahr, nicht mehr ernst genommen zu werden.

Leider werden die kleinen Aufmerksamkeiten der Liebe viel zu oft als selbstverständlich hingenommen, oder aber der Gebende macht sich zu wenig Gedanken darüber, was dem geliebten Menschen an seiner Seite tatsächlich wichtig ist oder woran er sich erfreuen kann. Dann wird der Liebesbeweis ganz schnell zu einem Beweis der Unachtsamkeit. Deshalb setzt eine liebende Aufmerksamkeit auch voraus, dass man sich mit seinem Partner auseinandersetzt und seine Vorlieben und Abneigungen kennt, wie auch sein Verhalten in unterschiedlichen Situationen. Am besten erreichen Sie das, indem Sie aufmerksam zuhören und das umsetzen, was Sie im Abschnitt »Ein Abend nur für uns« finden. Denn auch eine noch so gut gemeinte Liebesbotschaft kann den Empfänger im falschen Augenblick erreichen oder sogar von ihm falsch aufgefasst werden, wenn sie unachtsam platziert wird. Und schenken Sie um Himmels willen nicht das, was Ihnen gefällt, sondern das, was Ihren Partner anspricht!

Das Bilderbuch der schönen Momente

Wenn ich manchmal das Tagebuch in Bildern anschaue, das ich inzwischen seit zwölf Jahren führe, werde ich daran erinnert, was für ein lebendiges und abwechslungsreiches Leben ich führen darf. Sicher ist mir irgendwie klar, dass mein Leben nicht langweilig ist, aber es ist doch etwas anderes, wenn ich es bebildert jederzeit durchlaufen kann. Im Zeitalter der Digitalisierung ist es auch recht einfach, schöne Momente festzuhalten, um sie jederzeit wieder abrufen zu können. Etwas ganz Besonderes ist es, wenn man aus den schönsten Momenten im Leben einen Bildband anfertigt. Ein Fotobuch also, das sich in die Hand nehmen lässt und das man jederzeit durchblättern kann. So ein Fotobuch kann auch die schönsten Augenblicke einer Liebe wiedergeben. Stellen Sie sich vor, Sie fertigen am Ende eines jeden Jahres, das Sie als Paar verbringen, einen Bildband von den schönsten Momenten der Zweisamkeit an. Jedes Jahr ein Buch der Fülle, auf das Sie jederzeit zurückgreifen können, wenn der Fokus mal wieder zu lange und zu intensiv auf die vermeintlich negativen Aspekte Ihrer Beziehung ausgerichtet war. Es verbindet und führt die Liebe, die Sie verbindet, in konzentrierter Form vor Augen, ganz besonders, wenn Sie das Buch zusammen durchblättern und sich über die schönen Momente und Erlebnisse austauschen.

Eine Beziehung lebt durch die vielen positiven Erinnerungen, die das Paar gemeinsam hat. Die beiden Partner schaffen sich damit eine Identität als Paar. Es sollte für Sie deshalb selbstverständlich sein, schöne Erinnerungen auszutauschen und lebendig zu halten.

Ein Abend nur für uns

Unter dem Ansturm der täglichen Verpflichtungen verlieren sich Paare oft aus den Augen. Sie funktionieren vielleicht als Team recht gut, um ihre Aufgaben so gut wie möglich zu bewältigen. Aber als Liebespaar existieren sie fast nicht mehr. Um es erst gar nicht so weit kommen zu lassen oder um eine alte, schon fast ins Koma gefallene Liebe wieder aufzuwecken, sollten Sie einen Abend ganz der Liebe widmen. Dafür müssen Sie ein paar Regeln befolgen: Sie legen gemeinsam einen Abend in der Woche fest, an dem Sie nur als Liebespaar existieren. Nennen wir diesen besonderen Abend »Honeymoon Evening«. Es ist wichtig, dass Sie festlegen, zu welcher Uhrzeit der Abend beginnen soll. Wenn Sie Kinder haben, suchen Sie sich eine Betreuung für diese Zeit. Vielleicht können Sie und Ihre Freunde oder Nachbarn sich gegenseitig unterstützen und jeweils die Kinder der anderen mit übernehmen. Oder Sie haben Familienmitglieder in der Nähe, die das übernehmen möchten.

Der Termin für den »Honeymoon Evening« sollte Ihnen genauso bedeutsam sein wie ein überaus wichtiger Geschäftstermin, den Sie auf keinen Fall verpassen oder absagen möchten. Kommen andere Termine, die sehr wichtig sind, dazwischen, dann verlegen Sie diese auf einen anderen Zeitpunkt, weil der »Honeymoon Evening« immer wichtiger ist als alle anderen Termine.

Vereinbaren Sie, wer den ersten gemeinsamen Abend gestalten wird. Wer den Abend gestaltet, darf ihn auch nach den eigenen Vorstellungen ausrichten. Das bedeutet, wenn für den

Abend ein spannendes Fußballspiel angesetzt ist und Ihr Partner gerne dort hingehen möchte, dann werden Sie ihn begleiten und Interesse am Spiel zeigen, vertiefende Fragen stellen und sich ganz auf seine Welt einlassen.

Beim nächsten »Honeymoon Evening« läuft das Ganze umgekehrt. Nun lässt Ihr Partner sich auf Ihre Welt ein, und wenn es ein rührender Liebesfilm ist oder ein Shoppingmarathon: Er ist ganz dabei. Er diskutiert mit Ihnen über die Szenen aus dem Film oder berät Sie bei der Auswahl der Schuhe.

Die folgende Woche überlegen Sie sich, was Ihrem Partner Spaß machen würde, und entsprechend gestalten Sie den Abend. Das ist eine wunderbare Gelegenheit, um mit dem Partner ins Gespräch zu kommen. Versuchen Sie herauszufinden, was ihm Freude bereitet, und versuchen Sie das am »Honeymoon Evening« umzusetzen.

Eine Woche später ist dann wieder Ihr Partner dran. Dann muss er herausfinden, was Ihnen Freude bereitet, und versuchen, das am »Honeymoon Evening« umzusetzen. Wenn es einmal nicht so gut gelingen sollte, dann darf das kein Grund zur Kritik sein, sondern besser eine Möglichkeit zu einem Dialog, in dem Erwartungen geklärt werden.

Wenn Sie den »Honeymoon Evening« auf diese Art immer im Wechsel organisieren, dann kommen Sie wieder miteinander in Berührung, weil Sie sich Gedanken darüber machen, was Sie gerne mit Ihrem Partner unternehmen oder erleben möchten. Das Schöne bei der ganzen Sache ist, dass Sie sich selbst und gegenseitig eine Freude bereiten. Sie selbst und Ihr Partner bekommen darüber hinaus ganz unmittelbar mit, was dem jeweils anderen Spaß macht – eine gute Basis, um sich wieder besser in den anderen hineinversetzen zu können oder ganz neue Seiten an ihm/ihr kennenzulernen, die einem bisher verborgen geblieben waren.

Sexy Day

Ein »Sexy Day« bedeutet Zeit für Intimität. Es muss nicht unbedingt ein ganzer Tag sein, aber vielleicht ein ganzer Abend, an dem Sie Ihre gemeinsame Sexualität ausleben.

Wenn Sie verliebt sind, wird die Planung eines »Sexy Day« nicht erforderlich sein, weil Ihr Sexualleben in dieser Phase im Regelfall keinen Schubser braucht. Ihre überschießenden Hormone sorgen dafür, dass Sie Ihren Partner nahezu ununterbrochen begehren. Anders ist das, wenn Ihre Beziehung schon eine Weile andauert und die Leidenschaft nur noch selten bei Ihnen vorstellig wird. Dann sollten Sie mindestens einmal im Monat einen »Sexy Day« einplanen, um aus der Kopulationsroutine oder stressbedingten Enthaltsamkeit auszubrechen und zur Leidenschaft zurückzufinden.

Zeit und die Bereitschaft, sich aufeinander einzulassen, sind auch hier die Grundlage dafür, dass die intimen Stunden zu einem Erlebnis werden, das Ihre Bindung verstärkt. Und bitte denken Sie daran: Guter Sex beginnt bereits im alltäglichen Umgang miteinander. Wenn Sie tagsüber wenig achtsam miteinander sind, brauchen Sie sich nicht zu wundern, wenn der Sex diese Unachtsamkeit widerspiegelt. Versuchen Sie sich deshalb auf den gemeinsamen Abend vorzubereiten. Seien Sie freundlich zueinander, überraschen Sie sich mit kleinen Aufmerksamkeiten. Erlauben Sie sich frech platzierte Anzüglichkeiten, oder setzen Sie Zeichen. Das kann ein sinnliches Bild sein, eine entsprechende Nachricht oder Obst, so drapiert, dass es nicht viel Fantasie braucht, um darin eine erotische Botschaft zu sehen. Es wird Ihnen sicher etwas einfallen, und wenn nicht, dann holen Sie sich entsprechende Anregungen aus dem Internet. Im Anhang habe ich Ihnen ein paar Links für erste Anreize zusammengestellt.

Entscheiden Sie gemeinsam, wer mit der Gestaltung des Abends beginnt, und dann wechseln Sie sich alle vier Wochen ab. Aber auch wenn der »Sexy Day« nur alle vier Wochen stattfindet, bedeutet das nicht, dass Sie sich in der Zwischenzeit in Enthaltsamkeit üben müssen. Dieser Abend dient lediglich dazu, wieder mehr Schwung in Ihre erotische Zweisamkeit zu bringen. Finden Sie deshalb heraus, was Ihnen Spaß macht, und versuchen Sie ein offenes Gespräch darüber zu führen. Das ist nicht immer einfach, weil Leistungsdruck und Idealvorstellungen oft zu falscher Scham führen. Deshalb gleich vorneweg: Liebe Leserinnen, schön auszusehen, während Sie sich in den Kissen vergnügen, sollte nicht das Ziel einer lustvollen Begegnung sein, sondern die schlichte, ungeschminkte Geilheit, die sich weder um Cellulitis noch um eine perfekt sitzende Frisur schert. Freilich können heiße Dessous so manche Vorzüge ins rechte Licht rücken, und ein gepflegter Körper sollte sowieso selbstverständlich sein, aber wenn sich Ihre Gedanken nur noch sorgenvoll um die persönliche Performance und Ihr Erscheinungsbild drehen, bleibt für die Lust nicht mehr viel Raum. Und, liebe Leser, es sollte nicht Ihr Ziel sein, auf Teufel komm raus der Angebeteten einen Orgasmus zu bescheren oder gar einen Orgasmusmarathon! Leistungsdruck hat in der erotischen Zweisamkeit nichts zu suchen, weil sie jegliche Sinnlichkeit im Keim erstickt. Es gilt: Nichts muss, alles kann – vorausgesetzt, es bereitet Ihnen Freude. Das bedeutet auch, dass der Orgasmus nicht das Ziel sein sollte, sondern die erotische Zweisamkeit. Wenn Sie davon zum Höhepunkt getragen werden, wunderbar! Wenn nicht, kann das erotische Vergnügen genauso erfüllend sein, sofern Sie entspannt bei der Sache sind.

Vergessen Sie auch auf keinen Fall Handys, Telefon und Hausklingel abzustellen. Sie sind an diesem Abend ein absolutes No-go!

Nehmen Sie sich alle Zeit der Welt, und machen Sie die Begegnung zu einem Fest. Auf gar keinen Fall sollten Sie vorher noch schnell dies oder jenes erledigen. Das ist ein Lustkiller!

Wenn Sie bereit sind, überraschen Sie Ihren Partner mit Ihrem Auftritt. Kleiden Sie sich lässig-elegant, liebe Männer, und sorgen Sie für einen wohlriechenden Körper. Sie, liebe Frauen, dürfen sich sexy und attraktiv zeigen, wie bei Ihrem ersten Date, aber bequem genug, um sich wohlzufühlen.

Beginnen Sie die gemeinsamen Stunden am besten mit Aktivitäten, die Ihre Sinne ansprechen. Beispielsweise mit kleinen Köstlichkeiten, die Sie gemeinsam zubereiten und die Sie zwischendurch zu sich nehmen können. Mixen Sie Cocktails, die prickelnd sind und Ihrem Geschmack entsprechen. Lassen Sie ein duftendes warmes Bad ein, stellen Sie Kerzen auf, und drapieren Sie die zubereiteten Appetitanreger der Sinnlichkeit in Reichweite. Reden Sie über Ihre sexuellen Fantasien, ohne sich gleich auf Ihren Partner zu stürzen. Aber berühren Sie ihn, wenn Sie möchten. Lassen Sie Ihre Worte wirken, und beobachten Sie, wie Ihr Partner darauf reagiert. Sie können Ihre Fantasien auch in eine Geschichte einbinden, die Sie Ihrem Partner erzählen, oder sich gegenseitig aus einem Buch mit erotischen Geschichten vorlesen. Nach dem Bad können Sie sich gegenseitig abtrocknen und es sich dort bequem machen, wo es Ihnen gefällt – das muss nicht zwangsläufig das Bett sein. Viele Frauen und auch Männer lieben Massagen. Es gibt wunderbar bebilderte Bücher zu sinnlichen Massagen, die Sie als Quelle für Ihre Lust nutzen und umsetzen können.

Egal, wo Ihre gemeinsamen Vorlieben liegen, womit Sie sich heiß machen, wichtig ist, Sie entdecken Ihre Experimentierfreude und/oder erhalten sie am Leben. Auch wenn Sie denken, dass Ihre sexuellen Wünsche beim Partner nicht gut ankommen werden, sprechen Sie sie trotzdem aus. Sonst werden Sie nie erfahren, ob Ihr Partner vielleicht diese Vorlieben mit Ihnen teilt oder bereit ist, sie auszuprobieren. Sollte er sie ablehnen, ist das auch nicht weiter schlimm, solange es in Sachen Lust genügend andere Schnittmengen gibt.

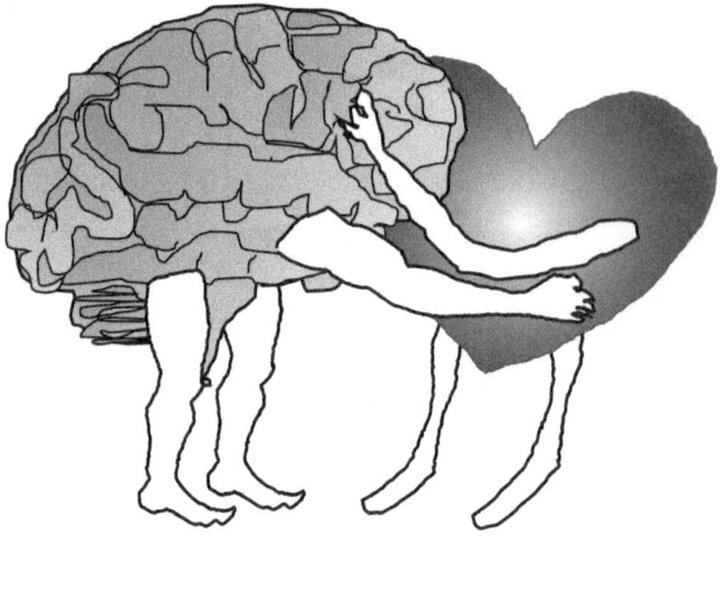

ZU GUTER LETZT

Die Liebe hat viele Gesichter, aber wir bekommen immer nur dasjenige zu sehen, das wir sehen wollen. Machen wir uns nicht ausreichend klar, wonach wir bei unserem Partner suchen und was wir von ihm erwarten, entdecken wir unter Umständen eines Tages, dass unsere Liebe nur eine leere Hülse ist, die nichts weiter beinhaltet als den Widerschein unserer Hoffnung auf Liebe. Dies ist beispielsweise dann der Fall, wenn wir in unserer Kindheit eine defizitäre Liebe erfahren haben und als Erwachsene erwarten, dass unser Partner die Mängel aus unserer Kindheit ausgleicht. Ein bewusstes Nachdenken über die Liebe im Allgemeinen und bei der Suche nach einem Partner wird die wunden Punkte in unserer Liebesvorstellung ans Licht bringen. Dann haben wir die Möglichkeit gegenzusteuern, um die Liebe in uns selbst zu finden. Gelingt uns das, werden wir in unserem Liebespartner das finden, wonach wir gesucht haben.

> Die Freundschaft und die Liebe
> sind zwei Pflanzen an einer Wurzel.
> Die Letztere hat nur ein paar Blumen mehr.
>
> *Friedrich Gottlieb Klopstock*

ANHANG

Links zu im Buch erwähnten Persönlichkeitstests:

BIG FIVE

Validierter Test: https://www.psychomeda.de/online-tests/persoenlichkeitstest.html

Links mit Anregungen zum »Honeymoon Evening« und »Sexy Day«

ROMANTISCHES WOCHENENDE

http://www.glamour.de/liebe/beziehung/wochenend-ziele

http://www.frauenzimmer.de/cms/romantisches-wochenende-mit-ihrem-schatz-so-gehts-4017722.html

ROMANTISCHER ABEND

http://www.helpster.de/romantischer-abend-zu-zweit-so-ueberraschen-sie-ihren-partner_23241

http://www.lovenlife.de/blog/tipps-fur-einen-romantischen-abend.html

http://flirtuniversity.de/27-tipps-um-eine-romantische-stimmung-romantische-stimmung-zu-schaffen-romantische-stimmung-machen/

TIPPS FÜR ROMANTIK

http://www.freundin.de/psycho-liebe-sex-partnerschaft-die-33-schoensten-ideen-fuer-mehr-romantik-11583.html

ONLINEKURS

Die Sprache der Liebe: https://www.eric-hegmann.de/

LITERATURVERZEICHNIS

Bücher

ACHTSAMKEIT

Hans Jellouschek: Achtsamkeit in der Partnerschaft. Was dem Zusammenleben Tiefe gibt. Hamburg (Kreuz Verlag) 2011

Jon Kabat-Zinn: Achtsamkeit für Anfänger. Freiburg (Arbor) 2013

Jon Kabat-Zinn: Jeder Augenblick kann dein Lehrer sein. 100 Momente der Achtsamkeit. München (O.W. Barth) 2014

BEZIEHUNGEN

Joachim Bauer: Das Gedächtnis des Körpers. Wie Beziehungen und Lebensstile unsere Gene steuern. München (Piper) 2013

Daniel Katz: Kennzeichen gelingender Partnerschaften. München (GRIN Verlag) 2008

Gunter Schmidt: Spätmoderne Beziehungswelten. Report über Partnerschaft und Sexualität in drei Generationen. (VS Verlag für Sozialwissenschaften) Wiesbaden 2006

BIG FIVE

Thomas Saum-Aldehoff: Big Five. Sich selbst und andere erkennen. Ostfildern (Patmos) 2015

Walter Simon: Persönlichkeitsmodelle und Persönlichkeitstests. 15 Persönlichkeitsmodelle für Personalauswahl, Persönlichkeitsentwicklung, Training und Coaching. Offenbach (GABAL) 2006

DIE VIER APOKALYPTISCHEN REITER EINER BEZIEHUNG

John M Gottman: Die 7 Geheimnisse der glücklichen Ehe. Berlin (Ullstein) 2014

DEZENTRIERUNG

Norbert Kühne, Monika Gewicke-Schopmann et al.: Psychologie für Fachschulen und Fachoberschulen. Troisdorf (Bildungsverlag Eins) 2003, S. 85 – 90

EMPATHIE

Joachim Bauer: Warum ich fühle, was du fühlst. Intuitive Kommunikation und das Geheimnis der Spiegelneurone. München (Heyne) 2006

Giacomo Rizzolatti/Corrado Sinigaglia: Empathie und Spiegelneurone. Die biologische Basis des Mitgefühls (edition unseld). Berlin (Suhrkamp) 2008

GESCHICHTLICHE ENTWICKLUNG DER LIEBE

Alberto Angela: Liebe und Sex im Alten Rom. München (Goldmann) 2014

Elisabeth Badinter: Die Frau im 18. Jahrhundert. München (Piper) 1990

Nathaniel Branden: Liebe für ein ganzes Leben. Psychologie der Zärtlichkeit. Reinbek bei Hamburg (Rowohlt) 1997

Nathaniel Branden: The Psychology of Romantic Love. Romantic Love in an Anti-Romantic Age. New Yorg (TarcherPerigee) 2008

Gisela Engel: Frauen in der Stadt. Frankfurt im 18. Jahrhundert. Sulzbach (Ulrike Helmer Verlag) 2002

Hans Licht: Liebe und Ehe in Griechenland. Hamburg (Severus Verlag) 2013

Inna Moltschanova: Das Bild der bürgerlichen Frau im 18. Jahrhundert und ihre Darstellung in der Literatur des Sturm und Drang. München (GRIN Verlag) 2010

Tanja Scheer: Griechische Geschlechtergeschichte (Enzyklopädie der griechisch-römischen Antike, Band 11). Oldenbourg (De Gruyter) 2011

Wolfgang Schuller: Die Welt der Hetären. Berühmte Frauen zwischen Legende und Wirklichkeit. Stuttgart (Klett-Cotta) März 2008

Barbara Stollberg-Rilinger: Die Aufklärung. Europa im 18. Jahrhundert. Ditzingen (Reclam) 2011

Klaus Tanner: »Liebe« im Wandel der Zeiten. Kulturwissenschaftliche Perspektiven. Leipzig (Evangelische Verlagsanstalt) 2005

Monika Wienfort: Verliebt, Verlobt, Verheiratet. Eine Geschichte der Ehe seit der Romantik. München (C.H.Beck) 2014

DIE ROLLE DER FRAU IM 18. JAHRHUNDERT

Lily Braun: Die Frauenfrage. Ihre geschichtliche Entwicklung und wirtschaftliche Seite. Leipzig (Hirzel) 1901 (Volltext auf gutenberg.org abrufbar)

Georges Duby/Michelle Perrat: Die Geschichte der Frauen. Bd. 3. Frankfurt am Main (Campus) 1993

Olwen Hufton: Frauenleben. Eine europäische Geschichte. Frankfurt am Main (S. Fischer) 1998

HUMOR

Patrick Lynen: Mach dich mal locker. Vom leichten Umgang mit den Widrigkeiten des Lebens. Isen (KOHA-Verlag) 2015

Michael Metzner: Achtsamkeit und Humor. Das Immunsystem des Geistes. Stuttgart (Schattauer) 2012

Helge Schönhusen: Die Kunst des Humors. Für mehr Gelassenheit, Beziehungsglück und seelische Gesundheit. O.O. (CreateSpace Independent Publishing Platform) 2014

Michael Titze: Die Humor-Strategie. Auf verblüffende Art Konflikte lösen. München (Kösel) 2014

Jumi Vogler: Was der Humor für Sie tun kann, wenn in der Liebe mal wieder alles schiefgeht. Offenbach (GABAL) 2014

INTERNETLIEBE

Julia Dombrowski: Die Suche nach der Liebe im Netz. Eine Ethnographie des Online-Datings (MedienWelten). Bielefeld (Transcript) 2011

Geronimo: Poppen.de. Frust! Lust! Liebe! Hamburg (Art Empire Publishing) 2013

Ralf Hillmann: Online-Dating. Der kleine psychologische Ratgeber für die Suche nach der großen Liebe. Wie Sie via Internet-Dating zu einer seriösen Partnerschaft finden. Norderstedt (Books on Demand) 2017

Victoria Schwartz: Wie meine Internet-Liebe zum Albtraum wurde. Das Phänomen Realfakes. München (Blanvalet) 2015

Christian Schuldt: Romantik 2.0. Vom Suchen und Finden der Liebe im Internet. Gütersloh (Gütersloher Verlagshaus) 2013

Georg Seeßlen: Digitales Dating. Liebe und Sex in Zeiten des Internets (Sexual Politics). Berlin (Bertz und Fischer) 2015

KOMMUNIKATION

Tim Bärsch: Kommunikative Deeskalation. Praxisleitfaden zum Umgang mit aggressiven Personen im privaten und beruflichen Bereich. Norderstedt (Books on Demand) 2017

Gary Chapman: Die fünf Sprachen der Liebe. Wie Kommunikation in der Ehe gelingt. Marburg (Francke-Buchhandlung) 2010

Joachim Engl/Franz Thurmaier: Damit die Liebe bleibt. Richtig kommunizieren in mehrjährigen Partnerschaften. Bern (Hans Huber) 2012

Marshall B. Rosenberg: Konflikte lösen durch gewaltfreie Kommunikation. München (Herder) 2004

Christiane Sautter: Wege aus der Zwickmühle. Doublebinds verstehen und lösen. Ravensburg (Verlag für Systemische Konzepte) 2016

Birgit Schulze: Das große Praxisbuch zum wertschätzenden Miteinander. 101 Übungen zur Inspiration Ihrer Seminare und Gruppen auf Basis der Gewaltfreien Kommunikation. Norderstedt (Books on Demand) 2014

Reinier Verbeek: Aggression selbstbewusst meistern. CreateSpace Independent Publishing Platform 2015

Paul Watzlawick: Menschliche Kommunikation. Formen, Störungen, Paradoxien. Bern (Hans Huber) 2000

Al Weckert: Gewaltfreie Kommunikation für Dummies. Weinheim (Wiley-VCH Verlag) 2014

LANGE GLÜCKLICHE EHEN

Karl Pillemer: 30 Lessons for Loving. Advice from the Wisest Americans on Love, Relationships, and Marriage. New York (Avery) 2015

LIEBE IN BEZIEHUNGEN

Michael Mary: Wie Männer und Frauen die Liebe erleben. Die rollenspezifische Wahrnehmung der Liebe (Paarberatung). Lüttow (Nordholt) 2015

Michael Mary: Liebe will riskiert werden. Warum Paare heute anders lieben und wie sie damit glücklich werden. München (Ariston) 2016

LIEBESSTILE

John Alan Lee: Colours of love. An exploration of the ways of loving. New York (New Press) 1973

LUG UND TRUG

Robert L. Trivers: Betrug und Selbstbetrug. Wie wir uns selbst und andere erfolgreich belügen. Berlin (Ullstein) 2013

NARZISSTISCHE GESELLSCHAFT

Ekkehart Baumgartner: Liquid Structures. Auf dem Weg in die narzisstische Gesellschaft (Gedanken), Berlin (Parodos Verlag) 2011

Susanne Becker: Die Liebe im Zeitalter der Moderne (Studienarbeit aus dem Jahr 2006 im Fachbereich Philosophie). München (GRIN Verlag) 2007

Harriet Braiker: Giftige Beziehungen. Wenn andere uns krank machen. Frankfurt am Main (FISCHER) 2001

Claus Eurich: Wege der Achtsamkeit. Über die Ethik der gewaltfreien Kommunikation. Petersberg (ViaNova Verlag) 2008

Claus Eurich: Mensch werden. Ein Appell an unsere Eliten in Wirtschaft und Gesellschaft. Wiesbaden (Springer Gabler) 2012

Reinhard Haller: Die Narzissmusfalle. Anleitung zur Menschen- und Selbstkenntnis. Wals bei Salzburg (Ecowin) 2013

Sven Hillenkamp: Das Ende der Liebe. Gefühle im Zeitalter unendlicher Freiheit. München (dtv) 2012

Hans-Joachim Maaz: Die narzisstische Gesellschaft. Ein Psychogramm. München (dtv) 2014

PERSÖNLICHKEITSTYPEN

Helen Fisher, Elisabeth Lieb: Die vier Typen der Liebe. Wer zu wem passt und warum. München (Droemer Knaur) 2009

PHASEN DER LIEBE

Detlef Klöckner: Phasen der Leidenschaft. Emotionale Entwicklungen in Paarbeziehungen. Stuttgart (Klett-Cotta) 2007

SEX

Frans de Waal : Der Affe in uns. Warum wir sind, wie wir sind. München (Carl Hanser) 2009

SEXUALITÄT

Nicole Bailey: Partnermassage. heiß und erotisch. München (Goldmann) 2011

Kalashatra Govinda: Tantra Massage. Die hohe Kunst der erotischen Berührung. München (Irisiana) 2012

Lina van Haugh: So bringen Sie Ihr Sexleben in Schwung. O.O. CreateSpace Independent Publishing Platform 2015

Susan Mumford: Sinnliche Massage. Die besten Verwöhn-Tipps für sie und ihn. Freiburg (Nietsch Verlag) 2007)

SEXUALLEBEN

Diana Richardson: Slow Sex. Zeit finden für die Liebe. München (Integral) 2011

Diana Richardson: Zeit für Liebe. Sex, Intimität und Ekstase in Beziehungen. Köln (Innenwelt Verlag) 2013

Eva-Maria Zurhorst: Soulsex. Die körperliche Liebe neu entdecken. München (Arkana) 2014

WIE BEZIEHUNGEN SCHEITERN ODER ERFOLGREICH SIND

Nan Silver/John Gottman: Why Marriages Succeed or Fail. What You Can Learn from the Breakthrough Research to Make Your Marriage Last. New York (Simon & Schuster) 1994

Rick Hanson: Just One Thing. So entwickeln Sie das Gehirn eines Buddha. Freiburg (Arbor) 2015

Videos

BIOCHEMIE DER LIEBE

https://www.youtube.com/watch?v=1SaVQaKtzyg

https://www.youtube.com/watch?v=JoXNaT20w4w

DIE EVOLUTION DER LIEBE

Prof. Dipl.-Biol. Dr. Karl Grammer: https://www.youtube.com/watch?v=h2_zOs5LeWE

DIE LIEBE KENNT KEIN ALTER

37 Grad ZDF: https://www.zdf.de/gesellschaft/sonntags/liebe-und-partnerschaft-und-partnersuche-im-alter-100.html

EMPATHIE IN EINER NARZISSTISCHEN GESELLSCHAFT

Hans Joachim Maaz: https://www.youtube.com/watch?v=lJbQPKPANBU

ERKLÄRE MIR DIE LIEBE

Verschiedene Wissenschaftler kommen zu Wort: https://www.youtube.com/watch?v=bOLiijrJUaY

GEHEIMNIS EWIGER LIEBE

ttps://www.zdf.de/gesellschaft/sonntags/geheimnis-ewiger-liebe-104.html

GEHIRNATLAS

http://www.gehirn-atlas.de/

LIEBE

Planet Wissen: https://www.youtube.com/watch?v=Nvs9-bGl2Ec

LIEBE – ALLES NUR CHEMIE?

Richard David Precht: https://www.youtube.com/watch?v=51NjOpL3kDM

LIEBE & HIRNFORSCHUNG: EIN WENIG MENSCHLICHE WÄRME

https://www.youtube.com/watch?v=yJJOWh4lWVI

LIEBE IST, DEN PARTNER NICHT SO ZU NEHMEN, WIE ER IST

https://www.litlounge.tv/webinar/liebe-ist-den-partner-nicht-so-zu-nehmen-wie-er-ist

NARZISSTISCHE GESELLSCHAFT
Hans Joachim Maaz: https://www.youtube.com/watch?v=rJc6vih49Ok

PLANET WISSEN – BRENNPUNKT PARTNERSCHAFT
https://www.youtube.com/watch?v=zvBBO_WRg1k&t=1000s

SEX STATT LIEBE – WO BLEIBEN DIE GEFÜHLE?
nachtstudio: https://www.youtube.com/watch?v=dhvAVtWiokA

WAGNIS PAARBEZIEHUNG – WIE WIR HEUTE LIEBEN
Sternstunde Philosophie: https://www.youtube.com/watch?v=C9KmujBw0g4

WAS SIND SPIEGELNEURONEN?
https://www.youtube.com/watch?v=WtKpBHDSDm0

WIE ICH DAS LEBEN LIEBEN LERNTE
Terra X: Erstausstrahlung im ZDF: Buch und Realisation: Tobias Schultes, Eva-Maria Rauer: https://www.youtube.com/watch?v=6JYqzjXtq3M

WIE KRANK IST UNSERE GESELLSCHAFT?
Hans Joachim Maaz: https://www.youtube.com/watch?v=jrEXuBaIJF4

Radio

DEUSCHLANDRADIO ZUM THEMA LIEBE
http://www.deutschlandradiokultur.de/serie-zwischen-algorithmus-und-sehnsucht-die-liebe-im.2156.de.html?dram:article_id=306923

Artikel im Internet

Dominik Borde: Warum wir durch das Internet verlernt haben, zu lieben: http://www.huffingtonpost.de/dominik-borde/soziale-medien-liebe_b_9185236.html

Ähnliche Persönlichkeiten ziehen sich nicht an https://www.welt.de/gesundheit/article125116263/Gleich-und-gleich-gesellt-sich-gern-Von-wegen.html

ANTHROPOLOGISCHE BEGRÜNDUNG DER LIEBE
Manfred Hiebl (Alle Rechte vorbehalten): http://www.manfredhiebl.de/Philosophie/liebe.htm

FRAUENBILDER IM HOCHMITTELALTER

Gyburc Rennewart (berlin 1999): http://www.das-mittelalter.de/frauen_im_mittelalter.htm

GESELLSCHAFTLICHER UND INDIVIDUELLER NARZISSMUS

http://www.mensch-und-psyche.de/liebe/narzissmus/die-narzisstische-gesellschaft/

INTUITION UND BAUCHGEFÜHL

öffentlichRedaktionDruckversion: Intuition trainieren und entwickelnhttp://www.akademie.de/wissen/intuition-entwickeln-trainieren

INTUITION: BAUCHGEFÜHL ENTSTEHT IM KOPF

Interview: Regina Kramer BRIGITTE 09/05: http://www.brigitte.de/liebe/persoenlichkeit/intuition--bauchgefuehl-entsteht-im-kopf-10102690.html

MYTHOS GROSSE LIEBE – WARUM WIR IMMER DEN FALSCHEN PARTNER FINDEN

Teresa Buecker: https://editionf.com/mythos-der-perfekte-partner

WIE WIR DIE »GENERATION BEZIEHUNGSFÄHIG« WERDEN KÖNNEN

Ulrike Haupt: https://editionf.com/Eine-Beziehung-ist-nicht-zum-Wohlfuehlen-da

Studien

BEZIEHUNGEN

Thomas N. Bradbury/Frank D. Fincham: Attributions and behavior in marital interaction. Journal of Personality and Social Psychology. Vol 63(4). 1992. S. 613-628

BIG FIVE

Kristina Lesch/Karsten Kilian: Konzeptionelle und methodische Grundlagen und Stand der Forschung. Arbeitspapier 405. 2004: http://www.markenlexikon.com/d_texte/menschliche_persoenlichkeit_lesch_kilian_2004.pdfhttps://nathensmiraculousescape.com/2011/06/01/lees-love-typology-love-styles/

Max Dehne / Jürgen Schnupp: Persönlichkeitsmerkmale im Sozio-oekonomischen Panel (SOEP). Konzept, Umsetzung und empirische Eigenschaften. Berlin (Dt. Institut für Wirtschaftsforschung) 2007: http://www.diw.de/documents/pub-likationen/73/diw_01.c.76533.de/rn26.pdf

Kelly EL/Conley JJ: Personality and Compatibility: A Prospective Analysis of Marital Stability and Marital Satisfaction. J Pers Soc Psychol. 1987. Vol. 52(1). S. 27-40

B. Rammstedt, F. M. Spinath, D. Richter, J. Schupp: Personality Changes in Couples, Partnership Longevity and Personality Congruence in Couples: https://www.econstor.eu/bitstream/10419/74546/1/Rammstedt_2013_Partnership-Longevity-Personality.pdf

BRÜCKENEXPERIMENT

E. Aronson/T. D. Wilson/R. M. Akert: Sozialpsychologie. Hallbergmoos (Pearson Studium) 2008

DIE EVOLUTION VON SEXUALITÄT UND LIEBE

Michael Blume: Die Evolution von Sexualität und Liebe. Filderstadt (sciebooks.de) 2012

ENTWICKLUNG DER LIEBESFÄHIGKEIT

Prof. Dr. Dirk Revenstorf (Universität Tübingen): http://www.meg-tuebingen.de/downloads/2009-03%20Entwicklung%20der%20Liebesfaehigkeit.pdf

LIEBESSTILE

Elisabeth Freudenfeld: Liebesstile, Liebeskomponenten und Bedingungen für Glück und Trennungen bei Deutschen und mexikanischen Paaren. Uni Tübingen 2002. Wirtschafts- und Sozialwissenschaftliche Fakultät: https://publikationen.uni-tuebingen.de/xmlui/handle/10900/4724

MIT WELCHEN LIEBESSTILEN NACH LEE SIND PAARE AM ZUFRIEDENSTEN?

Ruhruni Bochum: http://www.ruhr-uni-bochum.de/soc-psy/dokumente/Projekt_Enge_Beziehungen

http://wiki.yoga-vidya.de/Sechs_Liebesstile«

https://publikationen.uni-tuebingen.de/xmlui/handle/10900/47241

Silja Matthiesen: Youth Sexuality in the Internet Age:http://www.forschung.sexualaufklaerung.de/fileadmin/fileadmin-forschung/pdf/BZgA_Youth%20Sexuality%20in%20the%20Internet%20Age_Schutz.pdf

DANK

Es hat mir viel Freude bereitet, dieses Buch zu schreiben, aber auch viel abverlangt, weil alltägliche Pflichten sich meist in den Vordergrund drängten und drohten, so manche Kreativität im Keim zu ersticken. Stundenlanges Grübeln vor einer halb beschriebenen Seite waren keine Seltenheit, ebenso die auf dem Fuße folgenden Frustrationen. Aber es gab auch viele Momente des Flows, die aus den vielen Gesprächen mit wunderbaren Freunden hervorgerufen wurden und von den motivierenden Worten von Daniela Riepe, die sich unermüdlich und mit viel Engagement um die komplette Koordination kümmerte. Ich möchte mich ganz herzlich dafür bedanken.

Mein Dank geht auch an alle anderen, die bei der Entstehung dieses Buches mitgewirkt haben, insbesondere an das Grafikteam, das ein wirklich gelungenes Buchcover kreiert hat. Viele Menschen haben bei der Umsetzung bis zur Druckreife meines Buches mitgewirkt, deren Namen ich nicht kenne. Allen sei aber mein aufrichtiger Dank gewiss.

Ganz herzlich möchte ich mich bei meinem Berater und Supervisor, Herrn Thomas Hornisch, Diplom-Psychologe und Systemischer Berater, bedanken. Meine Wertschätzung gilt ihm als Mensch und im Besonderen seiner Kompetenz als Therapeut und Berater. Seine wertvollen Impulse sind in mein Buch eingeflossen.

Und last but not least möchte ich mich bei Karsten Strobel bedanken, der mir sehr viel bedeutet, aber auch bei meiner Tochter, Silke Kampe, die mich inspiriert hat, meiner Schwester, Angela Gambeck, meine Feuerwehr in zeitlichen Notlagen, und meinen Freunden Marianne und Harald Lösel, Alexandra Fritz, Andrea Fischer, Monika Nowotny, Martin Bundschuh, Anita Moser und Georg Ausperger. Danke an Euch alle für Eure offenen Ohren, Eure Ablenkungen, Eure wertvollen Impulse und für Eure unermüdliche Freundschaft.

ÜBER DIE AUTORIN

Ingrid Strobel ist psychologische Fachberaterin mit staatlicher Zulassung zur Psychotherapie nach HPG sowie Coach in eigener Praxis mit den Schwerpunkten Paarberatung, Burn-out-Beratung und Burn-out-Prävention.

Seit vielen Jahren ist die Autorin als Seminarleiterin, Trainerin und Dozentin tätig und eine gefragte Interviewpartnerin beim Rundfunkt.

In der ersten Staffel der Sednung *Hochzeit auf den ersten Blick* von Sat1 wirkte sie als Expertin mit und wurde somit für Millionen von Zuschauern ein bekanntes Gesicht zu den Themen Liebe und Paarbeziehungen.

Die Autorin lebt und arbeitet auf dem Land in der Nähe von Augsburg. Weitere Informationen über Ingrid Strobel finden Sie unter: www.psychotherapie-augsburg-west.de oder www.stressfeie-zone.de.